企业安全出海

用文化和制度打造合规安全网

张军华 著

电子工业出版社·

Publishing House of Electronics Industry

北京·BEIJING

未经许可，不得以任何方式复制或抄袭本书之部分或全部内容。

版权所有，侵权必究。

图书在版编目（ＣＩＰ）数据

企业安全出海：用文化和制度打造合规安全网 / 张军华著 .-- 北京：电子工业出版社，2022.6

ISBN 978-7-121-42901-9

Ⅰ . ①企… Ⅱ . ①张… Ⅲ . ①企业文化—通俗读物 Ⅳ . ① F272-05

中国版本图书馆 CIP 数据核字（2022）第 021548 号

责任编辑：张振宇
文字编辑：杜　皎
印　　刷：中国电影出版社印刷厂
装　　订：中国电影出版社印刷厂
出版发行：电子工业出版社
　　　　　北京市海淀区万寿路 173 信箱　　　邮编：100036
开　　本：880×1230　1/32　印张：8.625　字数：270 千字
版　　次：2022 年 6 月第 1 版
印　　次：2022 年 6 月第 1 次印刷
定　　价：88.00 元

凡所购买电子工业出版社图书有缺损问题，请向购买书店调换。若书店售缺，请与本社发行部联系，联系及邮购电话：（010）88254888，88258888。

质量投诉请发邮件至 zlts@phei.com.cn，盗版侵权举报请发邮件至 dbqq@phei.com.cn。

本书咨询联系方式：（010）88254210，influence@phei.com.cn，微信号：yingxianglibook。

专家导读

企业跨境、跨文化经营和发展会面临各种挑战，各地的文化和法律体系在理论和实践方面的不同，是国际商务理论的一个重要组成部分。由此带来的企业在商业伦理和合规方面的问题对企业的运作产生很大的影响，给企业跨国经营带来各种各样的挑战，即使那些百年老店、老牌的跨国公司也面临着这一难以逾越的障碍。从大众汽车尾气排放造假、丹麦银行涉嫌洗钱、安然公司做假账，到最近的德国在线支付公司 Wirecard 的财务报告舞弊和欺诈行为，这些都导致企业遭受巨大的损失，包括巨额罚款、企业及其高管受到民事和刑事指控，甚至给企业的经营画上句号。古语云："入境而问禁，入国而问俗，入门而问讳。"当我们进入一个新的国家或地区的时候，先要问清楚那里有什么禁令，以免触犯。了解和理解国际市场上与企业经营活动相关的一些合规要求，对于全球化的企业、企业管理人员，甚至普通员工，都是至关重要的。

今天，随着中国国力的提升，更多的中国企业获得历史性的发展机遇，越来越多的企业不断壮大，产品和服务的占有率在国内市场不断上升。但是，受限于国内市场规模和资源的局限性，越来越多的中国企业选择走出国门。我国目前有 3 万多家企业通过并购重组、间接或直接投资经营等方式，在 180 多个国家和地区与来自世界各地的跨国企业及当地企业竞争，为我国及企业所在国的经济发展做出重要贡献。在出海的过程中，虽然有很多成功经验，但由于国际市场和社会环境的复杂性，许多中国企业遇到很多合规的问题，交了不少学费。新时代，走出去的大战略对出海企业提出了新的要求，无论何种性质的企业，我们都希望其在国内、国际市场高质量地发展，因此对企业治理提出了更高的要求。

我在过去将近 40 年的时间里从事企业跨国经营这一领域的研究，参与制定国家战略、规划和政策方面的工作。当我读到这本书的初稿的时候，就被作者的选题视角吸引。合规及商业伦理是一个涉及面广而且复杂的话题，涉及企业生产、经营、组织和人员管理的方方面面；再加上不同国家有不同的法律体系，如果我们只是试图从点的角度来了解世界各地的商务活动的合规问题，就会变得无所适从。这本书让我眼睛一亮，这本书逻辑结构清晰，理论和案例完美地结合。从具体的案例到法律体系，这本书由点及面地阐述了主要经济体法规的出发点和主要差异，从而给企业领导人提供了一个解决之道，即从企业文化建设出发，对组织提出清晰的期望，建立严格的合规制度，对员工进行严格的教育和培训，出现问题时及时果断地处理，以确保公司的文化价值观和合规标准得到贯彻，以避免企业因合规问题而陷入不必要的麻烦。值得一提的是，合规问题及企业的商业伦理并非只是走出去的企业应该关注的问题，随着中国企业和经济活动更加深入地融入全球经济一体化中，我国的监管部门也开始加紧制定与国际接轨的法规和制度。从我读到这本书的初稿时起，一年多的时间，监管部门从反垄断到个人数据隐私保护，从对上市企业更加严格的财务信息披露的监管到更加明确地定义雇佣关系及企业的用工责任，以及反性骚扰等对劳动者的保护方面的执法力度的加强，这些都提醒我们，即使不是走出去的企业，也需要敬畏规则，有前瞻性地将企业合规治理上升到企业文化的高度。

作者是一位企业高管，在全球三大洲工作和生活过，管理过

40 多个国家的人员和组织。他在企业合规管理方面具有丰富的实操经验，通过讲述和分析发生在世界各地的大量案例，结合自己的亲身经历，将合规管理方面的专业问题如讲故事一样地呈现给读者，让读者在轻松阅读的过程中，学习到合规和企业文化建设方面的管理知识。我希望读者能够在阅读这本书时有所收获，从建立正确的企业文化和价值观开始，在制度和执行层面下功夫，打造出更多的受尊重的国际一流企业！

邢厚媛
新世纪百千万人才工程国家级人选
享受国务院津贴的有突出贡献专家
商务部中国服务外包研究中心原主任、二级研究员

前言

合规，到底是法律问题还是企业文化和企业管理问题？

很多企业存在这样的误区，将合规作为法律问题来研究和管理，于是总是出现"事后诸葛亮"——堵漏洞、处理组织中各个角落里潜在的民事和刑事等法律问题。

特别是在企业出海的国际大环境下，不同国家的规定都不一样，到底如何有效地规避合规问题，将公司的商业伦理标准变成公司的竞争优势，是一个巨大的课题。即使是那些全球一流的企业，在这方面也存在着各种问题和挑战。

如何从企业文化和价值观入手，设定合理的目标，使企业上下标准一致，做到有令必行、有禁必止，将"对商业伦理标准的坚持"变成企业的竞争优势呢？

本书从建立企业文化优势来塑造企业形象，吸引资本、人才和客户出发，从"科学技术革命和工业革命必须等待金融革命的支持"的角度，阐述了赢得社会、消费者、客户、员工和资本支持对企业的重要性。

本书从世界经济和工业发展的角度阐述在全球化过程中的强国之路——建设全球一流的、受尊敬的跨国企业，要从建立先进的企业文化开始，而商业伦理和合规文化又是万丈高楼的地基。

本书从企业的合规文化和商业操守的角度阐述如何建设全球的标杆企业，如何将更多的优秀企业打造成"全球最受尊敬的公司"。

作者在书中列举了大量实例，以宝洁、强生、巴塔哥尼亚、IBM、谷歌、巴萨俱乐部及沃尔玛等国际企业和组织为例，深入浅出地阐述了如何规避在各个领域可能出现的合规问题，同时将其转化为企业的社会责任，以赢得消费者、员工和社会的信任。无论企业是否准备走出国门，本书都可以作为非常好的借鉴。

更重要的是，中国企业如何从领导、文化、制度、人才等不同方面建立和加强管理能力，在世界各国赢得当地人民、劳动者和政府的欢迎，追求企业可持续性竞争优势，建立长青的伟业。

本书总结的经验和教训，为企业家、普通管理人员和员工规避风险、少走弯路，提供了一个非常全面的指南。

本书既可帮助企业管理人士从专业角度吸取全球企业一些成功和失败的经验与教训，从而提升企业管理能力，同时也提供了一个帮助读者了解世界的窗口。

目 录

引子

我小时候喜欢游泳，那时的小城镇还没有游泳池，所以暑假回乡下最开心的事情，就是每天去村里的一个池塘里游泳。

那时缺乏专业的游泳教练，也没有视频网站可以去学习正确的游泳方法，最好的做法就是能够和年龄大一点的朋友一起去游泳。有些人水性很好，好像天生就是游泳好手，久而久之，我就学会了游泳。

去池塘、水库或河流游泳，没有救生员是非常危险的。那时，我经常听说邻村有孩子在水库或池塘游泳淹死的事，听大人说这些溺水的孩子都是会游泳的。

多年后，在学会正确的游泳方法后，我才知道当年自己将生命置于危险之中，并不知道自己原来的游泳方法是错误的。

而当我们"不知道自己不知道……"的时候，往往是最"自信"的时候，认为自己可以应付各种情况。于是，在能力不足时，我们还不断挑战自己，游向水库甚至大海的深处……一些悲剧就是这样发生的。

我一直以为自己会游泳。确实，我在 30 ~ 50 米长的游泳池里基本上没问题，虽然累一点，换气辛苦一点，就这样游了 20 多年。后来，在女儿五六岁的时候，我经常带她去游泳，也教会了她在水里游。

直到有一天，在一个酒店游泳的时候，一位显然是游泳高手的救生员说我的游泳姿势不对。我的游泳姿势一直是蛙泳，蛙泳的规范姿势应该是用脚底蹬水，而我是用脚背打水；手的姿势也不对，不应该直接向下划水，而是先向外再向下；换气的时候应该用鼻孔在水里呼气，出水后用嘴吸气……在他的指导下，我学会了游蛙泳的正确方法。

直到这时，我才知道自己之前的游泳方法都是错的，不是蛙泳，更像人们常说的"狗刨"。我抄错了作业，还把错误的方法教给了女儿。

在女儿7岁的时候，我们搬到了新加坡。因为气候适宜，所以每个小区都有游泳池，并且常年开放。于是，我给她请了一位教练，这位教练曾是新加坡游泳队的专业运动员，在海军服过役。很快，她就在教练的指导下学会了各种游泳姿势，还经常在教练的带领下去海里学习海中求生方法。

我也跟他们学会了自由泳，只是换气时习惯在一边换气，速度上不去，还容易累。这样游了几年，女儿终于看不下去，指导我学习两边换气自由泳。我克服了自己的心理恐惧，同时按照正确的方法反复练习，居然学会了两边换气，速度也一下上去了，而且游很久也不会觉得累。

这一经历让我深刻体会到，专业的人做专业的事，"知道"才能"做到"。因为不知道，所以我差点因道听途说的"知识"而"误入歧途"，甚至在不知不觉中陷入危险之中。

游泳如此，企业管理更是如此。

瑞幸咖啡因做假账导致股票狂跌80%以上，被美国监管机构停牌调查。

沃尔玛在美国因涉嫌歧视性用工被提起集体诉讼，最后支付上亿美元与员工达成和解。

西门子因在多个国家涉嫌行贿，被美国和德国监管机构调查并被罚款数亿美元。

大众在汽车尾气排放检测中作假，被美国、加拿大及德国等国家的监管机构罚款并向消费者赔偿共计超 330 亿美元。

安然、世通和安德信因做假账导致企业破产、股票退市，高管获刑数年至数十年。

谷歌、万豪酒店集团等企业因个人隐私和数据保护违规被欧洲监管机构罚款数亿美元。

汇丰银行、丹麦银行因涉嫌洗钱被监管机构罚款数十亿美元。

这些企业为什么会踩雷？

美国监管机构为什么要下重手处理海内外的财报失实和腐败问题？

欧洲及全球在数据保护方面的举措对我国"走出国门"的企业有什么影响？

在本书中，我结合自身的实践经验，详细地阐述了在世界各地（特别是发达国家和地区）从事商业活动可能遇到的各种各样的商业操守和合规方面的挑战。

有人说，人生没有橡皮擦，一旦错了就没有机会重来。

企业经营管理工作又何尝不是如此，在商业操守和合规方面的失误可能导致数百万乃至数十亿美元的损失，甚至给企业高管带来牢狱之灾。而对有些企业来说，可能永远没有重新来过的机会了。

本书从企业领导力、人才和文化的角度着眼，用大量的实例对不同领域的合规实践及系统建设进行了深入浅出的阐述，希望对出海的企业、个人和在国内运营的企业都有借鉴意义。

第一章

往未见之地，决胜于寰宇

针对中国企业要不要"走出国门"的问题，充满争论。这些年，许多出海企业碰到各种问题，有些企业在发达国家不仅没赚到钱，反而惹了一身麻烦——有违反当地法律被处以巨额罚款的，甚至还有些企业的员工惹上了官司。于是，很多人有一个疑问：中国市场那么大，为什么还要冒那么大的风险走出国门？

最近几年，各国民粹主义有所抬头，逆全球化的声音不绝于耳，但许多专家和学者相信，不管企业发展、人才培养还是业务创新，都离不开全球各国的合作。

第一节　全球化是企业不可逆转的生活方式

对于企业来说，在全球范围内设立组织、拓展新市场、开发新颖独特的商业模式已经是一个无法停止或逆转的趋势。

想象这样一个场景：一位医生下午 4 点在美国波士顿的医院上班，进行了一系列检测，检测数据被自动上传到位于印度班加罗尔的服务中心。波士顿的医生在下午 5 点下班回家，第二天一大早回到办公室，检测分析结果已由服务中心传到自己的邮箱。在波士顿的医生睡觉的时候，印度班加罗尔是白天，印度的工作人员做了后台检测和分析工作。第二天一早，远在波士顿的医生根据从班加罗尔传来的检测报告，就可以为病人对症下药了。这样不仅节省了费用，而且为病人赢得了宝贵的时间。

今天，在美国很多中小规模的医院中，放射科医生将CT扫描读片工作外包给了印度和澳大利亚的医生，主要是因为医院在晚上或周末没有足够的人手。

这样的全球合作每天、每小时、每分钟都在各个领域发生着。也许你身在新加坡，或者澳大利亚，或者英国，但无论你身在何处，只要你需要苹果公司的售后服务，或者花旗银行的客户服务，无论白天还是黑夜，你总能得到满意的服务。来自不同时区的接线员操着印度口音、菲律宾口音或者马来西亚口音，你不知道（也不用知道）他们在哪里，重要的是你能得到想要的服务。这就是全球化的魅力和威力。

过去20多年，笔者在不同的地区工作和生活，深深体会到培养全球竞争优势才能为企业和国家带来长久的繁荣。

国家要发展，民族要振兴，就需要发展外向型经济。

有人说，中国的市场本身就够大，完全可以关起门来自己玩。

真是这样吗？古今中外，从来没有一个闭关自守的民族和国家可以繁荣昌盛，中国也不例外。

根据经济学家安格斯·麦迪森的研究，1820年时，中国已经是世界上最大的经济体，中国的GDP约占全球GDP的32.9%。然而，当时内忧外患、落后的科学技术水平和经济发展政策导致中国在全球购买力平价基础上所占的比重大幅缩水。1952年，中国GDP在全球所占份额下降到5.2%，到1978年下降到4.9%。

20世纪70年代末，通过对外开放、经济体制改革，中国经济发展加速，逐步恢复了全球经济大国的地位。

经济保护和自我封闭会使一个国家失去竞争力，对于人才和企业也一样。

第二节 人才和企业必须在国际竞争中求生存

我以前听过一个故事：一个渔民每天上街卖鱼，他的鱼桶里装着各种不同的鱼，其中有一种是吃其他鱼的鱼。渔民每天将鱼挑到集市上时，桶里的鱼都是活蹦乱跳的。有一天，渔民的桶里少了这种吃其他鱼的鱼，结果到集市上后，剩下来的活鱼没几条了。

没有了竞争和生存的压力，桶里的鱼就像温水中的青蛙一样，在过度舒适的环境中走向灭亡。

这个故事说明了什么？人才和企业必须在不断的国际竞争中求生存。

我曾经作为企业代表参加新加坡内阁部长陈振声组织的小型会议，讨论如何提高新加坡人才的全球竞争力。陈振声认为，新加坡不仅要送学生出去念书，还要将人才送出去工作。他以自己在英国留学的经历和在部队工作时去印度尼西亚等地工作的经历为例说明：

留学生在一个小圈子，甚至只是在新加坡留学生圈子里活动。而工作则不同，你需要真正和当地人打交道，了解当地文化，融入当地社会，调整工作方式，与当地人一起高效地工作。这些经历将会加速培养新加坡有全球竞争力的商界领袖。

新加坡政府非常清楚，以现实情况来说，新加坡缺乏自然资源，竞争力就来自港口贸易、人才和经商环境。如果过度保护新加坡人就业而限制高端外来人才，必然会导致新加坡人才竞争力降低，同时影响经商环境，打击企业的投资信心，最终使新加坡无法与国际接轨，从而失去国际竞争力。马来西亚对马来人的过度保护导致其失去竞争力就是一个很好的例子。因此，李光耀曾非常明确地表示要将新加坡建设成一个适度的移民国家。

　　走出国门的意义在于，新加坡人通过近距离接触和工作去了解世界，了解世界各国市场、经济、文化、政治和先进的理念与技术，从而成为真正的世界级领导者，引领新加坡的全球化。如果对世界各国的基本状况都不了解，那就不可能培养出区域性乃至全球性的商业领袖。

　　中国企业大部分走出国门是最近 20 多年的时间，和西方跨国企业相比，可以说仅仅是在国际市场上刚刚亮了个相而已。短短的几十年，中国企业就取得了惊人的成就，也经历了很多挫折，积累了很多经验教训。

　　企业出海最可怕的是国际企业运作的知识和经验的缺失，导致最后碰得头破血流。

　　殊不知，不走出国门，强大的竞争还是会到来；市场虽大，如果企业没有能和国际一流高手对决的能力，其国内市场也会被挤占；没有竞争力的人才和企业终将走向衰落。

　　由此可见，我们今天要讨论的不应该是企业要不要走出国门的问题，而是什么时候，以及如何能更快速稳健地走向国际市场的问题。

　　企业出海，就如航海远行，目的地是诱人的，海面风平浪静，毫无远洋经验的船长和水手丝毫没有觉察到水下暗流涌动，危险丛生。

　　但是，对外开放、参与国际竞争、从竞争中求生存和发展，是我们的必选之路。

　　在走出国门的过程中，中国企业必然会经历各种挑战，这是中国企业崛起必经的成人礼。在应对各种风险和挑战时，中国企业及人才必须做好万全的准备，在挑战中成长，在失败中吸取经验和教训，逐渐成熟。

中国企业如何更好地走出国门？归根结底，一切都取决于人才——有国际视野的企业管理人才。

如果能有更多有国际市场经验的人才，中国企业出海就不用摸着石头过河了，很多问题也会迎刃而解。

有人说，忘记过去等于背叛。在整装待发之前，让我们回顾一下过去改革开放的经验，从而更好地在下一个航程继续扬帆前进。

第二章

人才：海纳百川，有容乃大

改革开放 40 多年以来，中国社会发生了天翻地覆的变化，企业的变革和发展为中国的经济发展起到了有力的助推作用。

1978 年，中国政府做出了改革开放的伟大历史性抉择，至今已过去 40 多年了。回顾过去这 40 多年，国内外政治经济环境发生了巨大的变化，中国的经济发展也曾经面临种种重大挑战，但在政府的英明决策和社会各界的共同努力下，中国经济不断焕发出蓬勃生机，各项社会事业也取得了举世瞩目的伟大成就。

第一节　经济结构转型带来企业管理和人才结构转型

经济结构转型，也是人才现代化转型的一个过程。

在这一转型过程中，企业的经营管理活动、人才培养，对我国经济的发展、转型和升级起到了至关重要的推动作用。

回顾改革开放后中国的企业发展史，大致可以分为以下三个阶段。

一、第一阶段——从第一产业（农林牧渔）向以外向型加工业为代表的第二产业转型

这一阶段大概是从 1978 年至 2000 年，也就是从改革开放初期至中国加入世贸组织前。20 世纪 70 年代末，在三中全会确立了农

村包产到户的政策后，第一产业的从业人员的积极性得到了极大的提高，农村劳动生产率大幅提升。

劳动生产率提升后，大量农村富余年轻劳动力人口外出寻找工作机会，为我国经济的第一次转型提供了良好的条件。20世纪80年代初期，港台企业借助国内丰富且成本低廉的人力资源开始进行加工出口贸易。80年代和90年代前几年，在广东、浙江及上海一带涌现大量的出口加工型企业。

这一时期国内出现了一批头脑灵活、有冒险精神的企业家，这些人引领了20世纪八九十年代轰轰烈烈的下海潮。大批有文化、有冒险精神的政府官员、教师和国有企业的员工开始放弃铁饭碗，投入自己打工或借来的第一桶金，成立企业。这些企业大多从事小作坊式的制造加工或者贸易活动。

制造加工企业的业务模式基本上是"三来一补"——"来料加工""来料装配""来样加工"和"补偿贸易"。

来料加工即外商提供原材料，中方工厂将原材料加工为成品。产品归外商所有，中方按合同收取加工费。

来料装配指外商提供零部件，并提供必需的设备和技术，由中方工厂将零部件组装为成品。

来样加工是由外商提供样品、图纸或技术人员，由中方工厂按照外方对质量、样式、花色、规格、数量等的要求，用自己的原材料生产，成品由外商销售，中方工厂按合同规定的外汇价格收取货款。

补偿贸易是由国外厂商提供或利用国外进出口信贷、生产技术和设备，由中方企业进行生产，以返销其产品的方式分期偿还对方技术、设备价款或信贷本息的贸易方式。

在改革开放的早期，我国政府对"三来一补"企业实行补贴政策。随着制造业的逐步发展，"三来一补"显现出许多的问题，主要体现在如下几个方面。

（1）企业过度依赖政府出口退税补贴，而不注重，也没有办法掌控外销利润。

（2）不少"三来一补"企业的中方股东逐步将经营管理权交到外方股东手中，缺乏创建自主品牌和将产品本地化、国产化的动力。

（3）很多企业违反劳动政策，低价雇用员工，甚至不为员工提供基本的劳动保护。20世纪90年代出现过多起将员工锁在工厂、限制员工自由，甚至因此导致人员伤亡的例子。大量从内陆到珠江三角洲打工的年轻人得上职业病，遭受终生伤害。

（4）对环境的破坏严重：国内很多企业使用发达国家淘汰的设备和落后的生产方式，不愿建设环保达标的废水废料处理设施，对当地环境的破坏非常严重。

（5）"三来一补"企业恶性竞争，特别是依靠政府出口退税补贴等方式来压低销售价格，将产品以超低价销售给外商，引发外国政府以倾销为由征收巨额惩罚性关税。

这一时期的国内加工企业，基本上是赚取加工活动里的少量人工费，没有太多的附加价值。

然而，我们也不可否认，这些商业活动给一些有冒险精神的企业家提供了早期的资本积累，"三来一补"模式也对我国的人力资源发展起到一些积极作用，为我国培养了大批熟练工人及基层管理人员，为日后创立自主品牌打下了人力资源和管理的基础。

二、第二阶段——第二产业升级换代和第三产业不断发展

进入21世纪，特别是在2001年中国加入世贸组织后的十年，

改革开放进一步深化。凭借优惠的税收、低廉的人工成本、不断完善的基础设施和巨大的国内市场潜力，中国吸引了大量先进的跨国企业。跨国企业纷纷将制造基地转入中国，甚至在中国建立研发基地，从而满足中国及世界市场巨大的消费需求。

在这一阶段，中国在制造业升级换代方面取得了巨大的进步——各行各业的跨国企业进入中国，从日用消费品、电子产品、汽车到大型机械，以及逐渐开放的服务业——流通领域的服务业、人力资源和企业服务咨询行业相继进入中国。

2010年左右，超过80%的世界500强企业在中国开设了中国区或亚洲区总部。为了更贴近消费者、客户，及时了解相关的政府决策，这些大企业还纷纷将大中华区或者亚太区总部设在中国大陆，甚至将现有的总部从韩国和日本迁往广州、北京、上海及其他城市。

这十年，是中国经济飞速发展的十年，外资企业，特别是世界500强企业，在中国市场开疆拓土，赚得盆满钵满。尽管如此，在这场举世瞩目、前无古人的经济发展盛宴上，最大的赢家其实是中国。这些企业的入驻给中国带来了大量的就业岗位，还使中国人民的物质生活不断丰富，生活水平和生产效率不断提高：外资企业的产品从洗发水、美白牙膏、移动电话到汽车、工程机械和计算机技术等。这些企业给人们带来的是生活品质的直接改善和生产力及技术方面质的飞跃。

更大的收益是一些无形的东西——国际人才的培养和现代企业管理理念的传播。改革开放初期，百废待兴，人才奇缺，全球贸易专业人士及高端管理和技术人员更是稀缺资源。

在外资企业进入中国的30多年里，许多世界一流企业，深刻认识到了本土化的重要性。例如，宝洁公司（下简称"宝洁"）将"放眼全球，着力本土"（Think Globally, Act Locally）作为业务和人才发展的策略之一，大力培养本土人才，包括为本土人才提供有针对性的管理培训，培育其国际化视野，并实行全球外派轮岗任职制，从而为本土人才的职业发展奠定坚实的基础。

在这一阶段，跨国企业纷纷向中国区派遣高管人员。随着中国经济发展和居住环境的改善，外籍人士的生活配套服务设施也在不断完善，中国市场为职业经理人提供了更广阔的职业发展机会和良好的条件。

20 世纪 90 年代，在美资企业宝洁起步初期，企业所在地广州比其他内地城市国际化程度稍高，但基础设施落后、环境污染严重、居住环境不佳、国际食品欠缺。当时广州的五星级酒店只有白天鹅酒店、中国大酒店及花园酒店等几家本土酒店；医疗设施更是落后，当时广州提供英文服务的医疗机构很少；除友谊商店外，广州适合外籍人士购物的商场很少。我记得，当时很多跨国企业为外籍人士提供一种叫 R&R（Rest & Relax，休息与休闲）的福利，提供每月一两次到香港旅行、购物、接受医疗和银行服务的机会。这种政策一直延续到 2005 年左右。

因为这些原因，早期愿意到中国的外籍管理人员一将难求。曾经有一位与我共事的高管，临近退休，脾气非常急，很难沟通，是一位很不受欢迎的外籍高管。据说，这位高管在美国被降职，企业给他一个机会，同时也是对其工作表现差的惩罚，派他来中国工作，作为退休前的最后一个任命。由此可见，当时找到合适的人来中国工作非常困难。

2000 年以后，随着各方面条件的改善，加之中国巨大的市场潜力开始显现，跨国企业全球职业经理人来中国工作意味着更快、更好的职业发展，同时也为其职业履历增添了一项非常重要的经历——在当时被称作最有发展前景的金砖四国（巴西、俄罗斯、印度和中国）的工作经历，可以作为简历上的加分项。

一时间，全球精英涌向中国。2000 年之后，外资企业挑选外籍员工来中国工作的要求越来越高，基本全是出类拔萃的人才。这一变化无疑为跨国企业在中国的业务起到了积极的推动作用，因为很多有远见的跨国企业派外籍高管来中国的一个很重要的任务就是培养本土接班人。

同时，第一代在跨国企业工作的中国籍员工有了 5～10 年的经验，对国际企业的运作也有了基本的了解，一小批中国籍员工被派往国外工作。

外资企业早期派中国籍员工出国的一个重要目的是提高这些员工的能力，他们通常被派往跨国企业总部去学习企业的整体运作、建立人脉，回来后被委以更重要的职责和更高的职位。

21 世纪第一个十年的后期，更多的中国籍管理人员被派往世界各地，包括发展中国家和发达国家，真正地领导业务，管理组织。2007 年，我在布达佩斯负责宝洁中欧分部的工作时，企业里基本很少有亚太地区的人员在当地工作，亚洲人主要是一些来自中东国家及日本的员工。2010 年，在我离开的时候，已经有越来越多的中国人被派往欧洲工作。

同一时期，中国企业借助国企改革潮流，顺势而为。随着资本市场的逐渐成熟，大批民营企业及国企改制的企业借上市盘活资本，从国际企业学到一些市场营销方法，出现不少很有活力的中国本土企业。

当然，在这个过程中，也有不少企业只学到了外资企业营销的皮毛，不懂管理的实质。有些企业一时势头迅猛，但很快就后劲不足，甚至倒闭。究其原因，主要是企业管理内功不足——市场营销的招式是摆在台面上的，比较容易学习，但企业管理修的是内功，靠的是人才和系统。俗话说"一年收粮，十年树木，百年树人"，一个企业要想立于不败之地，需要一流人才、坚实的系统和先进的文化。

然而，从20世纪90年代到2010年，虽然跨国企业在中国培养了不计其数的职业经理人，但真正从外资企业流向民营企业的人才寥寥无几，而且很多不能很好地留存下来。我认为，这其中主要有几个原因。

（1）对企业环境和文化不适应。外资企业人才习惯比较宽松和人性化的环境，转到民营企业后"阵亡率"极高，主要是因为早期的很多民营企业比较封闭，管理落后。

（2）企业及共事者的整体素质有待提升。民营企业从业人员良莠不齐，特别是一些民营企业正在经历从家族管理向职业化管理转型的艰难过程，企业还没有准备好迎接职业经理人。

（3）薪酬福利设计不完善。刚起步的民营企业还没有完全理解分享机制的重要性，相当一部分企业家具有很强烈的小农意识，不愿意与员工（特别是企业高管）在经济上分享企业的成功。

（4）对职业经理人不够尊重和重视。一部分企业家对职业经理人缺乏必要的尊重和重视，认为职业经理人就是一个高级打工的。他们认为，我出钱买了你的时间，你就得听我的，按我的意思做。在早期，这一点对管理人员加入民营企业造成的挑战很大。根据马斯洛的需求层次理论，这些人追求的是自我实现，而不是基本的安全需求。因此，没有尊重、授权和健康的企业文化，即使有钱，拿钱买人才的方式也是行不通的。

由于以上这些原因，直到2010年，优秀的跨国企业职业经理人流向民营企业的成功案例并不多。

最大的转机发生在2010年之后的几年，即中国的企业和产业发展开始进入第三阶段。

三、第三阶段——第三产业和新经济的崛起

这一阶段涌现出阿里巴巴、华为、中兴、招商银行、腾讯、京东、复星、福耀玻璃、三一重工等一批国际知名的制造、金融和科技服务企业。

更多人才从外资国际性企业向中国民营企业的流动象征着中国企业治理质的飞跃。

这一阶段的人才流动趋势显示，较多的人才倾向于自主创业，或者加入创业企业，以及以互联网新经济为典型代表的成熟民营企业。

而民营企业吸引人才的主要亮点在于更广阔的职业发展空间，以及潜在的高财务回报，特别是那些准备上市的初创企业，吸引很多外资高端人才成为合伙人或者企业高层，一旦成功上市，在财务上的报酬将相当可观。

第二节　我国企业在人才建设方面面临的挑战

和成熟的外资跨国企业相比，我国企业还需要在以下这些方面努力，才能提高在国际人才方面的竞争力。

一、工作环境与企业文化

一提到工作环境，可能大家的第一反应就是办公室硬件环境、劳动保护、工作安全等。其实，随着社会经济的发展，工作环境更多的是一个体现软实力的文化环境。

有研究表明，改变工作条件，如办公室装饰、设备等，对员工的士气和生产力的影响非常有限。而真正对员工士气有长远影

响的是企业文化。

一个典型的例子就是工作与生活的平衡：直到 2000 年之前，中国人的整体基调是勤奋、创业、奋斗，追求在财富上更上一层楼的目标。工作与生活的平衡基本上还没有被关注，甚至很多人根本没听说过这个概念。当我们和西方企业的员工谈起中国双职工夫妇因为工作多年两地分居是常见的事情时，他们觉得很不可思议。很多西方国家的外派员工为参加孩子学校或社区举办的比赛活动而不远万里飞回国去，也让中国员工觉得不能理解。

当一些中国企业还在用"996"来评价员工是否有奉献精神、以加班多少来衡量他们是否是好员工时，很多一流跨国企业已经在研究和提倡工作与生活的平衡。例如，简化工作流程、去除不必要的重复工作、激发员工的创造力。

对于走出国门的中国企业，如果不能认识到这一点的重要性，将很难吸引和留住国际一流人才，更不用说向发达国家市场迈进了。

更让人担忧的是，如果在这些领域不能和国际接轨，走出国门的中国企业会在劳工权益方面遭受指责。例如，即使是亚马逊这样的高科技企业，也在德国屡受工会活动的困扰。

二、工作本身的意义

我曾经听一些朋友谈起：经过多年的磨炼，觉得自己有些企业管理和商业营销的技能，可以为企业的发展贡献自己的一点微薄力量。入职之后才发现自己就是一个帮老板赚钱的机器，企业的社会责任、善待员工都是梦想而已。一段时间后，开始怀疑自己工作的意义到底是什么。

合法经营，履行企业的社会责任，让员工对企业有一种自豪感，将成为一个企业留住一流人才的重要因素。

三、互相尊重、相互信任的上下级关系

在这一点上，国内企业近些年有长足的进步，但还有相当一部分企业家和高管抱着"我付你钱，我拥有你"的观念，导致上下级关系变成了这样：

我给你一份工作，你需要对我忠诚。

我付给你薪水，我就决定你的一切，让你干啥就干啥。

我付给你的薪水很高，你不应该还有其他想法。

……

于是，我们不难发现这样一种现象：在跨国企业做过很多年，工作经验和能力不错，本可以为新企业带来很大价值的人才，在离开跨国企业后跳槽非常频繁，短的几个月，甚至几个星期，稍长一点的可能2~3年，很少有能在一家企业工作长久的例子。于是，大家得出一个结论——跨国企业的人才不适合民营企业。

其实，我们不能简单得出这样的结论，就像种植蔬菜和农作物，要想取得丰收，必须具备三个条件。

（1）选对种子：选择人才时要考察的无非三个方面——知识、技能和态度。三者中以态度（心态）最难衡量和甄别。态度是双方努力的结果，而人们常因为理念的差异而错误地认为自己雇用的人态度消极。

（2）提供适当的环境："橘生淮南则为橘，生于淮北则为枳。"对于企业来说，适当的环境指的是企业的文化氛围。同一个人，在文化氛围不同的组织可能表现完全不一样。

（3）适当呵护：采取导师制等方式，系统地开展对于新加入人才的培养与发展工作。直接上司对员工发展的关注是员工能否

留下来的关键因素。

这些人才能否成功地被移植到新的企业，取决于我们是否在人才的"选、育、用、留"方面建立了一套较为成熟的机制来保证"嫁接"的成功率。

100多年来，西方企业和学术界将管理作为一门科学，进行了大量的研究，如马斯洛的需求层次理论、霍桑实验、X理论、Y理论……管理学的研究内容无非企业与人、企业与钱，以及企业里人与人之间的关系。现代管理研究都得出了基本类似的结论：

- 改变工作条件和劳动效率之间没有直接的因果关系。
- 提高生产效率的关键是员工的情绪，而不是工作条件。
- 关心员工的情感（尤其是不满情绪），有助于提高劳动生产率。
- 人的需求有不同的层次。
- 对尊重/尊严及自我实现（对成功的渴望）的需求是人的较高层次的需求。
- 人不仅是"经济的人"，更是"社会的人"，人是愿意奉献的。
……

由此可见，对人才的尊重和给予其实现自我价值的机会将大大强化人才积极向上的动机。参透这一点，企业将大大提升与关键人才的关系，为吸引和保留人才奠定良好的基础。

四、道德/法律方面高标准的工作环境、工作方式及企业的经营实践

企业发展的早期资本积累是一个简单粗放的商业活动：

投入最少的成本，用尽一切办法以较高的价格销售较多的商品，以获取最大的剩余价值。

同样是在获取利润这一看似简单的商业活动里面，怎样去获取利润，让不同的企业高下立现：有些企业以符合甚至高于法律和道德的要求，诚实经营，留下美名；而有些企业为获取利润游走在法律和道德的边缘。

对于走出国门的中国企业来说，还要面对一个更加复杂的情况，就是世界各地的法律不同，而且各地的文化差异非常大。中国企业大多只有几十年甚至十几年的短暂历史，与有着几十年上百年发展历史的跨国企业比起来，国际化的经营管理经验和知识尚显不足，亟须建立自己的企业价值观和文化体系。本书接下来的章节将会对世界各国不同的法律及文化环境对企业经营的影响做进一步的介绍。

此外，我们更需要思考的问题是：

"我们为什么存在？"

"我们应该如何行事？"

有着国际视野、经验和背景的人才是中国企业出海能否成功的一个至关重要的因素。

综上所述，对外开放、参与国际竞争、从竞争中求生存和发展，是我们的必选之路。然而，中国企业在走出国门的过程中，必会经历各种挑战，这是中国企业崛起必经的成人礼。

在经受各种挑战的过程中，中国企业及人才将在方方面面做好更充分的准备，在挑战中成长，在失败中吸取经验和教训，在各种洗礼中逐渐成熟。

企业经营成败的核心要素是管理能力，当有了人才和管理能力，各种风险控制就不在话下了。

在接下来的章节里，我会介绍一些跨国企业在过去国际化经营过程中"踩过的雷"及其经验教训。

"他山之石，可以攻玉"，希望这些案例中的经验和知识能使中国企业的出海之路走得更快、更稳。

第三章

企业文化：魔兽还是守护神

"文化能把战略当早餐吃掉！"

——彼得·德鲁克

第一节　企业文化不能无人值守

近年来，关于企业管理和战略的书籍浩如烟海，古今中外，各种概念和观点遍布企业管理的各个领域。我相信大家读过很多关于战略、领导力、人才、文化、市场营销、管理流程、执行和管理系统整合方面的书。

而在企业文化方面，我们看到和听到最多的是那些比较高大上的话题："企业使命""执行文化""企业愿景""温暖人性化的组织""KPI 绩效文化""客户至上""创新文化""狼性文化""拼搏文化"……

每当谈到企业的商业道德、基本的诚信、合规文化时，我们经常听到的是：

"这个也太简单、太基础了，根本登不上大雅之堂！"

"我们志存高远，需要的是愿景、战略和领导力！"

"我最需要的是产品和营销创新！"

"增长，增长，增长，快速增长，快一点，再快一点，增长才是硬道理！"

"商业伦理和合规管理？这不是我聘请法务人员的原因吗？出了问题他们会帮我处理的！"

有关企业合规文化的书籍在市场上并不算多，除了那些从业人员阅读的专业书籍。我相信，如果问起企业创始人和高管是否系统读过企业合规文化方面的书籍或者接受过相关培训时，得到的答案应该是很少。

是的，关于企业战略的制定，许多专家和咨询企业能够为你做出内容和形式非常完美和有吸引力的 PPT 和图表。一些市场营销方法，一旦被推向市场，大家都可以看到，可以模仿，也可以在此基础上做出更加炫酷的营销活动。

宝洁进入中国的早期，其市场营销采用一套系统打法：从品牌定位、电视和杂志广告、公关活动到店内陈列、促销，以及深度分销策略和管理等，对当时的中国企业来说是教科书级的品牌管理营销案例。

在一个领域的坚持，对商业伦理、道德标准和合规的文化标准的坚持，让一家在多年来被很多人认为处于"夕阳行业"的企业，一家生产和销售科技含量并不很高的日用品的企业，经历 180 多年的风风雨雨，且行且稳。也正是因为宝洁在商业伦理和合规文化标准上的坚持，才铸造了坚实的船锚，使其在风雨来临时不会颠簸。这个在水下的船锚，因其不显，故难以被模仿。

你可以找到被写在文件中的企业宗旨、价值观和原则，你会发现很多企业有同样的东西，也许只是辞藻更加华丽一些。

然而，宝洁的精华却是在每次遇到困难的时候，各级员工、各路人马努力寻求对策；是在各种纠结时的果断；是在数十万元、数百万元甚至数千万元的损失和做正确的事情换取长远利益之间的权衡；是在痛失良将和维护商业道德标准之间的艰难抉择。

而每次争执、讨论、纠结和权衡，总是会回归到对企业的初心——价值观和原则——的讨论与检视。而这种讨论和检视反过来又不断使企业和员工的行事方式更加明确，让企业上下更加明确"我们为什么要存在"和"我们该如何行事"。

宝洁不是唯一的范例，世界上很多优秀的企业时时刻刻都在这方面努力着。

一、好的企业文化让企业基业长青

《基业长青》的作者吉姆·柯林斯认为，那些高瞻远瞩的企业往往有着高于利润的追求。

强生公司（下简称"强生"）的创始人罗伯特·约翰逊早在创立企业时就以"减轻病痛"作为其理想，并于1908年把这一目标扩大成为企业哲学——把服务顾客和关心员工放在股东报酬之前。

1935年，强生创始人之子小罗伯特再度声明"服务顾客第一；服务员工和管理层其次；服务股东最后"。秉持着这样的信念，一家企业就不会为了股东利益最大化而去用虚假的财务报告等违法的手段增加销售和利润，从而推动股价上涨。

强生在日用品的行销方面是宝洁的竞争对手。然而，在新员工刚加入宝洁接受"商业行为/商业伦理道德"培训时，宝洁经常将强生作为标杆来培训员工。

柯林斯在《基业长青》中也提到关于强生的一个例子。

20世纪80年代，在美国芝加哥地区发生几起病人服用泰诺中毒死亡的事故。事故只是发正在芝加哥地区，所以事故发生的原因不应该是生产过程出了问题，也就是说没有证据显示是强生的产品安全问题。

但是，在事故原因被调查清楚之前，强生本着"服务顾客第一"的信念，决定立即在全美召回全部产品，没有辩解，没有冗长的调查。为避免事故再次发生，强生首先选择召回产品，还是全美召回。后来，警方调查发现，事故原因是犯罪分子将氰化物注入泰诺胶囊，然后将产品放回药店出售。除导致死亡的几例外，强生还发现了另外三瓶被投毒污染的药物（也就意味着药品召回避免了另外三起可能的安全事故）。

强生没有任何责任，但这一召回决定让其产生 1 亿多美元（相当于今天的 2.65 亿美元）的零售损失，实际损失远远大于这个数字。召回事件导致泰诺的市场份额从 35% 跌到 8%。但是，强生赢得了消费者的信任，提高包装安全性后的泰诺在其后几年很快获得了最大的市场份额。

这些是外界能够看到的企业在市场上的反应，而企业在年复一年、日复一日的经营过程中遇到类似问题的处理决策过程，以及背后的信念是外界看不见的。有时候，正是这些方面直接或者间接地决定了企业的命运。

那些能够延续上百年甚至几百年的企业，到底有什么特点？他们为什么能够基业长青？我们又该怎么管理和建设自己的企业？

让我们看看在美国股票市场上最早上市或者最古老（100 年以上）的企业：

● 纽约梅隆银行（简称"纽约梅隆"），成立于 1784 年，在纽约证券交易所上市的时间最长。

● 综合爱迪生，成立于 1823 年，于 1824 年在纽约证券交易所上市。它是世界上最大的能源生产商之一，为客户提供电力、天然气和蒸汽系统等基础设施服务。

● 宝洁消费品集团，成立于 1837 年，于 1891 年在纽约证券交易所上市。

- IBM，成立于 1911 年，于 1916 年在纽约证券交易所上市。它发明了硬盘、金融掉期交易和沃森（Watson）人工智能等产品。

- 可口可乐，成立于 1886 年，于 1920 年在纽约证券交易所上市。其总部位于亚特兰大，曾为民权运动提供支持。

- 辉瑞，跨国制药企业，成立于 1849 年，于 1942 年在纽约证券交易所上市。

- 强生，跨国医疗设备、制药和消费品企业，成立于 1886 年，于 1944 年在纽约证券交易所上市。

- 在纽约证券交易所上市的最古老的企业是苏富比。这家从事拍卖和特殊零售的企业于 1744 年在伦敦成立，于 1988 年在纽约证券交易所上市。

- 信诺，医疗保健企业，成立于 1792 年，于 1982 年在纽约证券交易所上市。

- 杜邦，化学和材料巨头，于 1802 年成立，于 1978 年在纽约证券交易所上市。

- 高露洁－棕榄，消费品集团，成立于 1806 年，于 1978 年在纽约证券交易所上市。

- 花旗银行，成立于 1812 年，于 1998 年与旅行者集团合并上市。

在上述企业里，很多企业从事传统行业——保险、银行、消费品和能源。

多少年来，很多人都认为传统行业是夕阳行业，但在这个名单上的企业基本都是老而不衰的，其中花旗银行、宝洁、强生和 IBM 在 26 年前被《基业长青》的作者吉姆·柯林斯称为高瞻远瞩、实现基业长青的企业典范。

20 多年后，这些企业很多还在世界 500 强企业名单之列。更特别的是，这些企业频繁出现在"最受尊敬的企业"世界 50 强之列。相比华尔街标普 500 平均寿命低于 20 年的企业，这些企业到底有什么不同？

这些企业大多经历了过去百年间的沧桑变化，它们经历了两次世界大战、20 世纪 30 年代的大萧条、石油危机、金融风暴、自然灾难、革命性的科技变化，以及全球化下的国际竞争。

这些企业都拥有良好的传统和成功之路，家喻户晓，比许多国家政权的历史还长。

如果你在这些企业首次公开发行股票时投资 1000 美元，现在你将获得数百万美元的回报。这些企业有一个相似的特点：经济有起有落，股价有涨有跌，生意有好有坏，但它们始终坚持底线，稳步前进，为股东、消费者、员工和社会创造可持续增长的价值。

例如，你在宝洁上市 90 年后的 1981 年购买 1000 美元的宝洁股票，经历 20 世纪 80 年代初开始的美国股票熊市、90 年代末的亚洲金融危机、2000 年的互联网泡沫，以及 2008 年的全球金融危机。尽管如此，如果你一直持有这些股票，将分红送股转化为投资，继续持有宝洁股票，到今天你的投资价值将超过 10 万美元。

另一个例子是美国西南航空公司（下简称"西南航空"），其历史没有宝洁那么长（西南航空成立于 1971 年）。航空业竞争激烈，然而西南航空凭借一流的客户服务、善待员工、最大限度地满足消费者的需求，一步步稳扎稳打。50 多年来，西南航空经历了几次石油危机、"9·11"恐怖袭击、海湾战争、金融危机。在此期间，一家又一家航空公司破产倒闭，西南航空依旧实现了长足的发展：如果你在西南航空 1971 年上市时投资 1000 美元买入其股票，并将分红不断投入继续购买，到 2020 年初，这些投资价值将超过 400 万美元。

这些企业还在继续繁荣，并秉承着它们的一贯传统：为消费者创造价值，为股东持续创造财富。当你投资这些企业的时候，你会发现一个相似的特点，它们的股票不会让你一夜暴富，但它们诚实经营、放眼长远，因此绝大多数不会让你在退休的时候一无所有。

二、优秀企业的文化共同点

让我们看看这些优秀企业的共同特点。

1. 它们有高的目标，但没有冒失激进之举。它们不会为利润和股价去违反法律和企业内部的行为准则

宝洁前董事会主席兼首席执行官白波曾经说过一句话："任何经理都无权引导你或其他员工以违反法律或公司政策的方式做事。"

这句话后来被宝洁作为对员工及管理层商业行为及道德培训的必修重点，而且被明确写入公司规定之中，确保任何级别的员工都可以对违反法律和公司内部政策的行为说"不"。宝洁曾经处理过许多在世界各地出现的违纪案例，上司让下属做错误的事情，最后上司和下属一起被严肃处理，既不纵容级别高的员工，也绝不给级别低的员工任何借口和逃避责任的理由。

2. 它们追求利润，但核心价值观远远超越为股东赚钱，追求回馈客户、员工和社会

榜上有名的强生在企业信念中明确提出：客户第一，员工和管理人员次之，最后才是股东利益。和强生类似，同样被《基业长青》列为范例之一的福特汽车公司（下简称"福特"）在 20 世纪 80 年代被日本汽车制造商打得毫无招架之力，3 年亏掉 33 亿美元。当福特被逼复盘企业战略，希望找到扭转困局的解药时，它不是从短期利润出发，不是着眼于如何促销，而是对公司使命、价值观和指导方针等基本问题和方向进行了讨论。福特前首席执行官皮特森说：

> "大家花了很多时间讨论人员、产品和利润的重要性，觉得人员绝对应该被列为第一（产品其次，利润第三）。"

3. 它们追求增长，但绝不蒙眼狂奔，深谙龟兔赛跑之道，从而在长距离竞赛中笑到最后

这些企业即使在创业之初也没有像瑞幸咖啡一样实现每年500%的增长。即使是宝洁，从创业到年销售额100万美元也花了22年时间。这样算来，如果第一年收入2万美元，那么其年复合增长率还不到20%！

4. 它们不以击败对手为目标，竞争手段光明正大，聚焦于自我改进

基业长青的企业，是在业界受人尊重的企业，这种尊重不仅来自员工、社区、企业管理人员、投资分析师，而且来自竞争对手。翻开宝洁的商业行为准则，员工会看到很多关于如何正当竞争、如何对待竞争对手的指南，有些条款在外界看起来甚至有些"教条"和"愚笨"。宝洁在关于商业操守的培训中有一个经典案例：如果你在出租车上捡到竞争对手高露洁的一份机密文件该怎么办？宝洁告诉员工的正确答案是：打电话给高露洁，将文件原封不动地交给对方。如果你无意间打开，则如实告知对方，以及自己是否看过文件内容，然后让对方根据正确的信息做决定。

5. 它们可能出现问题，有时可能走弯路，但总能回归初心，自我救赎

这些企业会迷路，也会在技术变革时期显得纠结。

例如，20 世纪 90 年代初期，IBM 业务陷入困境，股价持续下跌，从 1987 年的每股 43 美元跌至 1990 年的每股 13 美元。华尔街分析师、硅谷专家曾预测 IBM 的终结，比尔·盖茨预计 IBM 将于 7 年内退出市场。几乎所有人都认为，计算机行业是由快速的技术变革推动的，只有规模较小、相对灵活的企业才能迅速适应并发展壮大。然而，IBM 新的首席执行官郭士纳强调企业的核心价值观——卓越的客户服务，发挥内部员工的技术和业务优势，通过一系列改革，让一个近百年的科技企业重放光辉。

这些企业经受了时间的考验，并证明它们适应和把握环境的能力。这使许多拥有百年历史（或更长）的企业成为长期投资者的理想选择。

6. 它们尽量远离政治和权势，不走捷径，不贪图短期增长，全心全意为消费者、股东、员工和社区创造长远的价值

它们不靠市场专卖、专营限制而快速增长，也不凭借权势支持来获取优势。它们因创新和持续改进自身而具有顽强的生命力。它们合法经营，不走捷径赚快钱，你很难见到它们有行贿的行为。它们自律，秉持商业操守，为员工、股东和社会创造价值。这也是这些企业能够在政权更迭中独善其身、大放光彩的原因。

无论是那些最早的上市企业还是最古老的企业，仔细研究一下，我们都会发现用一些词汇可以概括这些企业的特点。

● 专注：这些企业通常比较专注于自己的核心能力领域，不激进，不盲目追求毫无节制的增长。

● 高质量和一流的服务：高质量和一流的服务永远是它们追求的目标。

● 值得信任和商业道德标准高：它们远远超出合法、合规的要求，诚实经营，从而获得消费者、政府、投资者和社区的信任。

● 管理风险能力：它们能够生存百年甚至数百年，显然具备较强的风险管理能力，这包括经营风险、在世界各地的合规风险，以及很好地平衡与政府、法规、员工和客户/消费者之间的关系。

三、能被我们记住的企业家

相信名垂青史、基业长青是很多创业者和企业家最大的梦想。然而，在现实中为什么很多企业家不但没有名垂青史，反而遗臭万年呢？

在商业/企业发展史上，能被我们记住的企业家无非下面的三类人。

1. 那些基业长青企业的创始人和那些能够把企业从弯路上拉回正轨的首席执行官

这些人基本上都有一个共同的特点，他们为这些百年企业所留下的传统，绝不只是制定和执行能够让其能立于不败之地的企业战略，而是建立了能够经得起时间考验的核心价值观和文化，以及有职业道德的经营团队。

2. 那些股票上市、业绩飞涨，能让你赚到钱的企业家

从马云、马化腾、李彦宏、马斯克到贝索斯，这些人引领趋势，是风口浪尖上的弄潮儿。我们每天听到关于这些人的消息最多的是某只股票涨了，某人的财富增长多少。

这些人能否晋级到上面的第一类型、真正名垂青史，就绝不是在短期内赚钱那么简单了。

3. 因极不道德的行为导致企业突然死亡而使投资者亏钱的企业家

和人及其他生物一样，企业从诞生、成长、成熟到最后消亡，

是一个正常循环过程。无数的企业家在这个过程中被人遗忘。

然而，有些企业家可能很难被人们遗忘，这些人将永远被钉在耻辱柱上，如三鹿董事长田文华、安然首席执行官斯基林，都会被那些因为他们的行为损失财产，甚至家破人亡的消费者、员工、投资者及他们的家人怨恨。

四、企业生命力来自企业文化的先进性

今天，我们处在一个大变局的时代，对于中国企业和企业家来说，这是一个数百年难得的机遇。

企业的命运总是和国运紧密相连，企业强则国家强，企业弱则国家弱。

如何把握这个机遇，在时代发展大潮中顺势而为、同国家发展相辅相成，为中国的复兴贡献"正利润"？

让我们看看过去 400 多年的企业发展史，或许能从中得到一些启发。

如果你觉得微软、阿里巴巴、苹果、亚马逊、谷歌、沃尔玛强大，那是因为你不记得历史上曾经有一个最大的跨国企业——东印度公司。

1600 年前，东印度公司在英国成立，是世界上最早的股份制跨国企业。在随后的 270 多年中，东印度公司随日不落帝国升起，成为世界上最强大的企业，控制着世界上五分之一的人口，其商业贸易涵盖无数领域，从棉花、丝绸、茶叶、香料、食品到鸦片、奴隶甚至军火。只要能想到，又赚钱的生意，东印度公司都在做。

东印度公司的发展壮大史就是一部日不落帝国全球扩张的历史——从欧洲、非洲、亚洲到北美洲，从欧洲一路南下东行到巴基斯坦、孟加拉国和印度。而起源于英格兰的第一次工业革命无疑又使英国及其企业如虎添翼，让东印度公司蒸蒸日上。

　　然而，英国垄断贸易、强买强卖、经济殖民激起了世界各殖民地的反抗。美国爆发反对垄断经营和苛捐杂税的波士顿茶叶事件，最后引发美国独立战争。美国在独立战争中胜出，法国在对抗英国的过程中不断提高自己的地位，标志着大英帝国开始走向衰落。日益恶化的财务和对权力的滥用最终迫使英国政府对东印度公司进行改革，于 1858 年结束了东印度公司在印度的统治。到 1874 年，该公司已徒有其表，最后被解散，从辉煌走向了没落。

　　至此，世界上历史最久、规模最大的跨国企业东印度公司在经历 274 年的风风雨雨后落下了帷幕。

　　东印度公司的衰落，标志着英国殖民文化走向衰落。而东印度公司的问题，归根结底是企业文化的问题。

　　从 19 世纪下半叶到 20 世纪初，随着第二次工业革命的开始，世界经济和政治重心开始从英国向其他西欧国家和北美转移。

　　科技的发展，特别是电力、内燃发动机、新材料技术（合金和化学品）与炼钢技术，以及无线电通信技术的发展，推动了欧洲企业的发展。法国大革命后，自由民主思想传播开来，工人阶级开始受到关注，有专业知识的中产阶级兴起，美国南北战争解放了大批黑奴，世界范围内的童工减少，而以消费者为基础的物质文明，开始得到大力发展。

　　1900 年，英国工业生产总额占全球工业生产总额的 19%，而后是德国（13%）、俄罗斯（9%）和法国（7%），欧洲占全球的 62%。

　　这一时期经济和企业的发展，欧洲国家（特别是德国）无疑是最大的赢家之一。

　　19 世纪下半叶，德国涌现了一批现代企业，它们有效利用资金，在科研方面比英国投入资金更多，特别是化学、电机和电力方面。1900 年，德国的化工业主导了全球市场。当时的巴斯夫、拜耳和赫斯特等企业几乎包揽了全球90%的染料供应，其中80%销往国外。这三家大企业还向其他化学领域扩展市场，如医药、农业化学和电化学。而这些企业主要由专业经理人来管理，建立了领先的现代企业文化。

很显然，企业的生命力来自企业文化的先进性。

第二节　文化能把战略当早餐吃掉

一、文化能把战略当早餐吃掉

工业的强大是由商业革命推动的，商业革命是由文化变革推动的。国家经济的发展，绝不只是由工业和商业发展战略决定的，"文化能把战略当早餐吃掉"。

我们以新加坡为例。从20世纪60年代起，总理李光耀就将反贪腐作为治国的一个基本价值观，加上对教育和多元文化的大力发展，不到30年就将新加坡从一个第三世界国家建设成了东南亚的龙头老大。新加坡的发展模式被很多国家效仿，唯其深入国民骨髓的文化和制度无法被移植，"抄作业"者迄今成功无几。

与世界强国美国相邻的墨西哥及其他中美洲国家一直没能进入发达国家的行列，腐败、贫富分化、毒品问题，以及医疗和清洁用水的缺乏大大降低了国民生活质量。曾经的"金砖四国"之一的巴西，政治动荡，还在典型的发展中国家名单上。2017年，巴西总统泰默尔被指控涉嫌贪腐，其政府内阁超过1/3的成员受到调查。事件曝光当日，巴西金融市场Ibovespa股票指数大跌逾8.8%。其他中美洲和南美洲国家在经济发展方面也没有太多的闪光点。

2001年，高盛提出金砖四国（巴西、俄罗斯、印度、中国）

概念，20 年后回顾可见，中国显然比其他三个国家的发展速度更快。相比来说，因为政策失误，印度经济下滑，被穆迪、标普、惠誉下调和维持较低评级，使其发展融资环境雪上加霜。

而中国在过去几十年间坚持"改革开放，发展经济"，努力建设健康的政商环境，并将这些理念反映到制度建设上，为中国持续高速发展提供了动力。

进入 21 世纪，世界格局在悄悄发生改变。短短几十年，中国的经济发展创造了历史上的奇迹。中国企业在过去 20 年间，已经开始拿到在世界一流舞台上的出场券：

● 2017 年，腾讯、阿里巴巴取代传统国有企业，跻身全球市值前十的行列。

● 2019 年，阿里巴巴成为历史上第一家跻身《财富》杂志"全球最受尊敬的企业"50 强的中国企业，排名第 34 位。

● 2019 年《财富》世界 500 强，中国有 129 家企业上榜（含台湾地区 10 家），第一次超过美国……

2019 年 7 月 22 日《财富》网站作者杰夫·科尔文以"*It's China's World*"（《这是中国的世界》）为题发表评论文章：

"自 1990 年'全球 500 强'问世以来，这是第一次，而且有可能是自第二次世界大战以来的第一次，美国以外的国家在全球大企业中名列前茅……

这种转变不仅在改变商业世界，而且在改变整个世界。当中国试图超越美国时，商业在国际事务中所起的作用比平常更大。各国一直在经济上竞争，但美国和中国正在直接争夺世界经济的生命力量——技术。"

正如美国前财政部长亨利·保尔森所说："这场争夺战是关于谁的经济将驱动技术发展并为其设定标准。"

机会真实地来到了我们的面前，我们是否做好了准备，接过这一棒，做好世界的领头羊？

二、道行且阻

我们有了一个很好的开始，而接下来的旅程将更加艰难，为什么这么说？我认为，我们真正做到引领全球商业和经济的标志应该是在《财富》"全球最受尊敬的企业"50 强的上榜中国企业数量和《财富》500 强的上榜中国企业数量比例相匹配。

为什么说有更多的中国企业跻身《财富》全球最受尊敬的企业的名单，就标志着我们准备好了"领导"全球？

"全球最受尊敬的企业"评选从企业收入/规模开始，但收入/规模只是一个入选门槛而已。

为评选出最受尊敬的企业，光辉国际邀请企业高管、董事和分析师，根据以下标准来排名：

- Innovation（创新）
- People Management（人员管理）
- Use of Corporate Assets（企业资产使用）
- Social Responsibility（社会责任）
- Quality of Management（管理能力）
- Financial Soundness（财务稳健）
- Long‐Term Investment Value（长期投资价值）
- Quality of Products/Services（产品质量和服务）
- Global Competitiveness（全球竞争力）

根据这 9 项关键指标，评委对各自行业内的企业打分。上榜企业的得分必须排在行业调查的前 50 名。

很遗憾，2020 年最新的《财富》"最受尊敬的企业" 50 强，中国企业无一上榜。

有人说："《财富》是一家美国杂志，评选投票的人也许对中国企业不熟悉，或者对中国企业有偏见。"

当然，这只是一部分原因。然而，仔细研究相关的指标，我们可以发现中国企业还有很长的路要走，许多年轻的企业还需要时间来磨炼和积累。

以 "996" 为代表的工作文化显然与 "全球最受尊敬的企业" 的标准有很大差距。

而瑞幸咖啡、绿诺科技、嘉汉林业和中国高速传媒控股等企业的财务欺诈行为，更是在世界金融市场掀起针对中国企业的信任危机。

这又让我想起约翰·希克斯说的："工业革命不是技术创新的结果，或至少不是其直接作用的结果，而是金融革命的结果。"

技术没有资本追逐的时候，只能变成小朋友玩具箱里有创意的小玩意。只有具备了资本赋予的规模发展、资金支持和发展环境，技术才能创造出更高的社会价值。

德勤咨询公司在 2016 年全球制造业竞争力指数调查中，将中国评为 40 个国家中最具竞争力的制造商国家，而美国排名第二（2010 年排名第四）。该调查同时指出，全球高管预测到 2020 年美国将成为全球最具竞争力的经济体，这主要是因为美国在人才和技术方面的大量投资。例如，高级别的研发活动和支出、顶尖大学的存在，以及有大量风险投资投向先进技术。

这一预测现在看来未必准确，但我们必须清醒地意识到我们还面对一定的危机。

　　令人振奋的是，在写这本书的时候，我看到新《证券法》开始生效；监管机构采取强力措施，严肃查处上市企业财务欺诈问题。

　　当跑道被清理干净时，运动员才能奔跑得更快！

　　忠言逆耳，唯有知道才能做到！我希望各位理解并以这种态度来读这本书。

第四章
基于原则和道德标准之上的成功

出海企业足迹遍布世界不同国家和地区，而不同国家和地区的法律有很大的差异。10多年前，尝试开拓国际市场的中国企业主要是国有企业（加工制造企业及一些外贸型中小企业），去的地方也以中非、东非及东南亚等欠发达地区为主。当地企业运营环境相对比较宽松，所以很多中国企业和企业管理人员认为在海外经营和在国内的做法基本没什么不同。

然而，随着不断发展壮大，中国企业出海的决心更加坚定，方向逐渐向发达国家转移。中国企业面对的营商环境将发生很大的变化，不能再用以前的方法来应付所有的问题了。

新的挑战需要我们真正地具备全球化视野和知识，避免因为缺乏专业领域知识犯错误，致使企业蒙受损失。

欧美发达国家经过几百年的发展，形成了较为成熟的经济法律体系，不了解当地基本的必须遵守的法律规范，将给企业运营带来很大的风险。

"不知者无罪"，这句中国老话在世界各国法律面前并不能帮出海企业逃脱刑事或民事责任。

最可怕的是"明知故犯"，在利益驱使下去做不正确的事情。其中原因复杂多样，而最危险的一点就是"法不责众"的从众心理，甚至互相效仿，导致企业遭受巨大损失。

企业的一个常见错误是，在某国碰到经营上的问题需要政府方面支持时，就去找顾问公司来帮助解决，顾问公司的解决办法就是给政府官员好处费。企业认为，反正不是自己直接干的，出问题与自己无关。

于是，有些人这样做了，暂时没被发现，就开始互相"传授经验"，用这种方法来处理企业同当地政府的关系问题。

从日用品、汽车、银行、制药到科技行业，许多行业发生着类似的事情。当几家企业决定打擦边球、走捷径，对法规错误解读的时候，其他人便很快效仿。虽然企业明知这种做法不对，但还是这样做，而且监管机构好像不知道或不当回事，因此大家的胆子也越来越大。

企业为获得和保持竞争优势而不断尝试走捷径，当一些企业通过作弊使业绩快速增长时，其他企业纷纷效仿，于是这些做法慢慢成为业界心照不宣的潜规则。事实上，这些违规越界行为给企业带来了巨大的风险。

终于，当有些企业做得太过分，给消费者、客户、投资人带来重大损失的时候，难免会受到社会各界指责。例如，大众汽车在尾气排放检测中作假、葛兰素史克（中国）向医务人员行贿、三鹿奶粉添加对人体有害的物质、瑞幸咖啡和绿诺科技财务造假、长生科技疫苗生产造假，这些企业的行为太出格，从而使局面变得不可收拾。

这时，政府和监管机构开始整治，就会出现雪崩式的"坍塌"事件，影响的不仅是单个企业及管理者个人，甚至整个行业都会失去公众的信任，使无数本来很有潜力的企业、个人和一些创新商业模式断送了原本光明的未来。

面对明确而严格的法条，"每个人都这么干"并不能成为辩解的理由。

虽然很多人认为其他汽车制造商在尾气排放方面也不是完全

没有问题，但大众汽车在监管机构的测试中公然作假，确实是一个不可饶恕的错误，最后导致企业遭受 300 亿美元以上的损失。

要想在世界各地不同的环境下安全地经营，需要企业制定十分严谨的合规标准，对企业的高管人员和从业人员进行严格的培训，确保在任何时候企业都不会因为个人的违规行为而遭受巨大的损失。

第一节　我们要面对的最常见的挑战——基本的法律规范及合规问题

走出国门的中国企业除了需要了解当地的市场营销环境，制定和实施相应的经营战略，从而在竞争中取胜，还有一个非常重要的、关系到企业生死存亡甚至企业领导者的安全的领域——外部合规。

在很多人看来，风险控制和合规就是确保企业不被违法的员工掏空。其实，风险控制和合规涉及的远远不止这些，它是一个比内部控制大得多的命题，涉及方方面面，是一个系统工程。

风险控制和合规问题的影响有多大呢？少则几十万、上百万元，多则千万、几亿甚至上百亿元的损失，甚至牢狱之灾。

接下来，我们花一些时间和篇幅来介绍欧美的商业活动规则，主要是出于以下几个方面的考虑。

（1）从商业革命的历史和传统来看，过去几百年的商业活动的重心主要在欧洲，后来转移到美国。有人说，规范就是强者制定的游戏规则。因此，未来相当长的一段时间内，因为欧美经济和技术的领先，欧美的商业规范将在世界范围内具有较强的约束力。

（2）规则是为利益服务的一种手段，是国家保护其经济体制和利益的产物。在过去的300多年中，随着欧美现代商业文明的发展，其商业规范注入了更多的人权、自由和平等等元素，在世界范围内具有比较高的认可度和接受度。

（3）经过多年的发展和完善，欧美国家经济法规在执行方面也形成了一个很严密的体系。这得益于个人意识的觉醒、媒体透明、专业从业人员（律师、审计师等）在法律执行方面的补充。

而欧洲和英美的法律体系基本上覆盖了世界上大多数国家使用的两大法律体系——大陆法系（又称民法体系，属于成文法）和海洋法系（又称普通法系，属于判例法）。近年来，两大法系互相影响，但其差异还很明显。

一、大陆法系和海洋法系

大陆法系起源于欧洲大陆罗马法，其主要特征是以核心原则为出发点编纂法律条款，目的是向所有公民提供适用的法律以及法官必须遵循的原则和书面形式。大陆法系国家处理案子主要根据法律条款，依赖成文法律规定，而不考虑任何先例价值，故称成文法。德国、法国、西班牙、日本、中国等国家以成文法法律体系为主。

海洋法系起源于英国，又称普通法系，其主要特征是由法官在法庭上针对具体的法律问题参考判决先例，最终产生类似道德观念一般的普遍的、约定俗成的法律判决，并通过积累而形成判例形式的法律，故称判例法或非成文法。英国、美国、澳大利亚和加拿大的法律体系是典型的判例法。

两种法系之间的差异对走出国门的中国企业来说，影响很大。中国主要是以大陆法系为主的司法体系，换句话说，经营者只需读懂相关法律条文，遵循"法律没有禁止的即被允许"的大原则即可。

因此，中国企业在大陆法系国家，通常以遵守当地的法律规范条文为主，相对简单，而且因为当地法律体系与中国法律体系相近，比较容易适应。

面对海洋法系国家，中国企业在合规方面需要从完全不同的文化视角考虑。海洋法系的具体法律条文通常比较笼统，而具体执行方面是依靠法官和陪审团根据道德标准和以往判例进行归纳总结来审判的，而不是按照法律条文去推理。

对于去这些国家进行生产经营活动的企业来说，最大的挑战是，没有一本详尽的万能参考书，我们更加需要注重的是商业道德伦理、做事的出发点和社会责任。以上市企业账簿记录的真实性和准确性为例，法律条文非常简洁，但需要我们做出很多主观判断。例如，法律规定"要求提交报告的每个发行人，应制作和保存账簿、记录和账户，这些账簿、记录和账户在合理细节上准确、公正地反映发行人对资产的交易和处置"，而"合理""公正"就需要我们根据商业伦理标准做出更多的判断。

二、向一流企业学习

这就是本书一直提及向一流企业学习的重要性的原因，因为这些行业先行者在外部合规问题上踏过的雷，以及它们的行事标准，将影响法官和陪审团的判断，形成约定俗成的规矩和标准。

由此可见，要想参与"海外市场的游戏"，了解这些游戏规则变得尤为重要。对于走出国门的中国企业来说，必须了解别人的规矩，这就是我们常说的入乡随俗。用更通俗的话说就是："要在别人的地盘上找吃的，就得按人家的规矩来！"

我们如果不能去制定规则，就要去更好地了解并适应规则。

更重要的是，欧美很多优质的全球化龙头企业在这方面已经开始了远远高于规范之上的企业文化建设，从而提高了全球竞争的软实力。

正如 LRN（Legal Research Network）创始人、董事长和首席执行官多弗·塞德曼所说：

"卓越的商业成功要求我们必须有同样卓越的规范运作。通过更加规范的运作，我们获得的不仅是成功，而且是基于原则和道德规范之上的成功。这是一个企业得到真正持久发展的根本。"

第二节　遵守法律，让我们远离麻烦，基于原则和道德的规范让我们成功

我在前面提到过，在海洋法系国家的法律体系下，道德标准和约定俗成的行为方式是法官和陪审团判决的一个很重要的依据。因此，企业的合规文化绝不能仅仅是写在纸上的一些条款而已。

一、道德与法律不同

道德与法律并不完全相同。通常，法律会告诉我们禁止做的事情以及被要求做的事情。法律设定了最低行为标准，而道德设定了更高的标准。

法律试图对企业和商业活动设定更广泛的要求，如董事职责、回避利益冲突等要求。然而，法律义务和道德义务有时候并不总是一致的。

有些事情可能是合法的，但被认为是不可接受的。例如，中东地区的一些国家禁止妇女工作或者开车。还有美国过去的种族隔离法律，种族隔离当时是合法的，但在道德层面上是不合理的。

"法律规定了行为的最低标准，而道德通常是更高的标准。"

道德为我们提供了在生活和商业各个方面正确做事的指南，

而法律通常提供更具体的规定，以便维护社会的正常运行秩序。

对企业和组织来说，高的道德标准会激发积极的思想和情感。

法律没有告诉我们在面对生活和工作中的困境时该怎么做。我们认为遵守法律是我们成为榜样的重要基础，遵守法律固然重要，但它与为公共利益、根据职业道德原则行事的义务并不相悖。例如，专业会计师同时应具有法律和道德责任。

此外，作为社会公民，企业和组织不仅要遵守法律，而且要遵守道德规范。

随之而来的是，法律不仅是文字，而且是一种精神，这就要求企业对道德，尤其是对公正性做出承诺。

普通法系又倒逼企业和组织主动地不断提高作为企业公民的商业道德标准。以宝洁为例，其要求企业和员工在遵守法律规范和企业政策之外，将以下问题作为自己行动的指南：

- 我的行为是否正确？
- 如果我的行为被媒体广泛披露，或传到某位我敬重的品德高尚的人士耳中，我会感到安心吗？
- 我的行为能否维护企业作为一家"具有商业道德的企业"的声誉？
- 我诚实可信吗？

宝洁要求员工，如果对上述任何问题的答案不是无条件的"是"的话，就不要采取行动。

二、做正确的事

做正确的事，对于走出国门的中国企业来说变得越来越重要。社会对于那些不违背法律条文，却违背法律精神的企业的容忍度越来越低。

我们肩负着重任，但不必惊慌。我们坚持优良的文化传统，例如，"知耻近乎勇""己所不欲，勿施于人""择其善者而从之，其不善者而改之"。做正确的事，虽然不一定能够让我们完全高枕无忧，但绝不至于有朝不保夕的忧虑。

眼下正是我们迎头赶上甚至超越的时候，所以首先需要打好基本功。

合抱之木，生于毫末；九层之台，起于累土；千里之行，始于足下。

让我们先从最基本的规范运作开始，在奔跑的时候不忘看脚下的道路和方向。

第五章

建立高效、安全和互相尊重的工作环境

追求解放生产力、灵活弹性用工和保护员工权利之间的平衡是西方社会劳动用工制度的目标之一。其中，实行灵活弹性用工制度的前提是，提供一个充满公平和尊重的用工环境，这包括建设没有歧视和骚扰的工作场所文化，实行基本的同工同酬的劳动报酬制度等。

积极承担社会责任的企业，在这些方面的要求通常非常明确。关于如何对待员工，问自己一个非常重要的问题：当企业受到社交媒体攻击的时候，你的员工会站出来保护你还是攻击你？在这方面做得好的企业，一定能得到员工的拥护，还能提高员工的敬业度和忠诚度。

从合规的角度来说，以下几个方面也是中国企业出海非常需要注意的地方，包括歧视和骚扰等高风险问题。很多国家在这方面的法规严格得多，违规对个人和企业来说都是成本非常高的。

第一节　工作场所歧视——容易让企业在国际环境中惹上官司的高危地带

在雇佣关系及工作场所之外，如果有人在这些方面有歧视的问题，也许大家会谴责一下，但当事人可能不会受太大的影响。

然而，在工作场所及雇佣关系方面涉及歧视问题，就没有那么简单了。特别是在一些发达国家，在这方面有严格的法律规定：工作场所歧视属于违法行为，如果企业没有相应的政策来制止、调查和处理，一旦歧视行为被证实，企业将会面临诉讼和巨额赔偿而损失惨重。这里所说的损失可能是数百万甚至上亿美元。

企业想在"歧视"问题上避免麻烦，首先需要深入了解到底什么是歧视，并且制定相应的政策，从而避免不必要的麻烦。

一、什么是歧视

歧视是针对特定群体的成员，仅仅由于其身份或归类，或个人特质，给予不同而且是较差的待遇。例如，因国籍、宗教、阶级、贫富、肤色、性别、性取向、职业和年龄等引发歧视。

歧视是基于以下这种态度或信念产生的行为：当个人或组织基于一些不实的偏见或指控而不正当地剥夺他人的权利和生存机会时，就是歧视。

歧视有很多种，随着社会不断进步和文明程度的提高，人们在这方面的意识越来越强，具体的"歧视种类"清单也许会不断增加。如果我们了解歧视的实质，对企业制定相关政策会大有帮助。歧视主要包括但不限于以下方面：

（1）性别歧视：人们一般都能理解性别歧视，主要是男女性别歧视。

（2）性别认同及性身份歧视：一个人可以不认同自己的生理性别而具有其他的对自身的性别认同，无论是否因此采取手术等手段进行外貌和生理的改变。在一些国家，很多机构在收集个人资料的时候，在性别栏，你可能见到除传统定义的男性、女性外，还会加上一栏——"其他"或者"不透露"。相信你以后在填这些表格的时候不会再有疑问：为什么我们司空见惯的性别栏还有第三种答案？越来越多的人在性别认同及性身份认定方面变得更开放，网络上关于性别的分类多达72种。

（3）性取向歧视：这就是我们对常说的同性恋、双性恋等人的歧视。

世界变得越来越复杂，越来越强调对不同个体的尊重，这本身是一种巨大的进步，对中国企业的影响也是不可忽视的。我们会在后面具体讲述。

（4）外貌与身体方面歧视：年龄歧视、体型歧视、相貌歧视等。

（5）其他类型歧视：身心障碍歧视、疾病歧视、种族歧视、地域歧视、族群歧视、宗教信念歧视、政治信仰歧视（如支持不同的党派）。

……

这个清单的内容还在不断地增加。

一些道德标准高的企业反对歧视的根本立场源于"所有的员工都应当尊重其他同事"这样一个出发点。

在中国的劳动法体系里，对于反对歧视，与平等相关的规定十分明确，例如同工同酬原则——《劳动法》第十二条、第十三条分别规定："劳动者就业，不因民族、种族、性别、宗教信仰不同而受歧视。""妇女享有与男子平等的就业权利。在录用职工时，除国家规定不适合妇女的工种或岗位外，不得以性别为由拒绝录用妇女或提高对妇女的录用标准。"宪法中有基本的禁止对妇女、民族和宗教信仰歧视的规定。而对于人员管理，法律规定基本遵循同工同酬原则，以及企业不得在雇用员工方面有歧视行为。

但是，法律在具体执行层面需要大幅提升，除了对比较敏感的妇女"三期"（怀孕期、产期和哺乳期）有明确的保护条款，其他方面基本上没有操作方面的具体细节和明确的指导。加上教育和宣传不足，人们在这方面的维权意识不强，而且违法成本不高，即使歧视行为出现，一般也不会对企业造成严重的影响。

于是，我们渐渐地对各种地方、各种形式的职场歧视现象司空见惯——无论是媒体上的招聘广告，还是企业的用工实践。

如果走到海外市场的企业不重视职业公平、忽视职场歧视问题，除了会对企业的组织文化、员工的吸引和保留带来负面的影响，还可能使企业面临严重的法律后果。

让我们看看下面发生的一些真实的事情，其中有些涉外企业，甚至在美国注册的企业，在招聘活动中存在的歧视现象。

我的一位朋友王先生在某知名企业工作近二十年，有着在世界各大洲的工作经验，现定居国外，负责一家跨国大企业亚太区某部门的工作。他一直关注国内经济和企业的发展，希望能将在世界知名企业学习到的经验应用于中国的企业和经济发展中。

他曾经将自己的简历贴在国内某个热门招聘网站上。自从将简历贴到该网站上，他几乎每隔两个星期都能接到猎头的电话或电子邮件。朋友跟我讲述了他跟猎头或雇主的接触过程。

"你好，王先生，我们这儿有一个非常好的职位，想推荐给你。××企业你应该非常熟悉，是中国国内行业老大，国际化发展非常快，在美国等国家进行了大手笔的收购。你有兴趣了解一下吗？"

"嗯，听起来不错，是一个什么职位？"

"这个职位是集团企业副总裁，年薪在×百万元以上，根据候选人的资历，这个薪酬还可以再商量。这是一个非常关键的职位，未来的发展空间无限……因为这个职位对企业的重要性，所以企业见过很多候选人，但他们都不太合适。企业目前已经将薪酬预算增加很多，碰到好的人选还可以再加。最重要的是，企业的发展潜力巨大，对你来说，向上发展的空间巨大。关于具体待遇，我们可以再详谈。"

接下来是猎头的一番大力推销，王先生有些心动了。

"好的，我们看看什么时候能和企业相关负责人通个电话或见个面……"王先生表达了自己的兴趣。

"哦，太好了，顺便问一下，你的身高大约多少？"

"什么？……"王先生大吃一惊，"请问你为什么要问这个问题？身高和这个职位有什么关系吗？"

"企业对这个问题看得很重，董事长希望高管团队人员的身高一律××米以上。你的条件很好，当然企业也会在身高上权衡一下……"猎头回复道。

"哦，原来是这样，那你一定会失望的，我身高肯定不符合要求。"王先生说。

"你的身高大约多少？其实，我们也可以跟企业谈……"

"不好意思，我没有任何兴趣再谈这个问题。"王先生一口回绝，感觉受了极大的侮辱，更懊恼自己居然花了那么多的时间在这通电话上。

一个价值千亿元的企业竟会小到容不下一位身材不够完美的人去实现其职业目标！

无独有偶，朋友Alan分享了另一个故事。

Alan是一家年销售几千亿元的跨国企业的部门总监，最近接到猎头的电话，向其推荐一个看起来不错的民营企业的高管职位。

"你好，Alan，我们这儿有一个非常难得的岗位想跟你聊一下。对企业的介绍，之前给你发过邮件。"猎头说。

"谢谢，我看到了你的邮件介绍，对这个企业已有初步的了解，有兴趣多了解一下。"Alan回答。

"好的。这样吧，我们定一个视频会议，下周你和企业总裁聊一下。你有微信视频吗？"猎头问道。

"很不巧，我没用微信。"Alan 回答。

"那么，我看看还有什么其他的方法进行视频面谈，我和企业方面联系一下，周一给你打电话。"

周一早上，猎头按照事先的约定，准时打来了电话。

"你好，Alan，我和客户沟通了一下，他们看到了你简历上的照片，觉得你的外形还是不错的，因此觉得电话会谈就可以了。然后，你再到北京来，见见我们客户的董事长兼首席执行官……"

Alan 除了茫然还是茫然，难道招聘这样的职员是看外貌的吗？自己在世界知名企业做了这么多年，还从来没有听说过谁因为长相不佳而职业生涯受影响的故事。

听起来似乎不可思议，但这些确实是发生在我们身边的真实故事。

那么，我们来看看以下情况是否在你的企业发生过。

作为企业高管人员和直接用人部门的主管，你是否对女性求职者说过不？你是否因为候选人或员工怀孕而做出不同的雇佣决定？你是否因为应聘候选人/员工的年龄而做出某些决定？你是否因为员工来自不同的地域而区别对待，甚至抱有歧视的想法？

作为人力资源工作人员，你刊登过类似以下的招聘广告吗？

招聘广告

招聘职位：总经理秘书

高薪诚聘总经理秘书一名，要求：女性，未婚，外貌端庄，年龄30岁以下……熟悉 Windows 操作系统，熟练使用各种 Office 软件，沟通能力强……

很多人可能会问：这个招聘广告看起来很正常啊，有什么问题吗？大家都是这样做的，难道我们做错了吗？

要回答这些问题，我在这里先给大家分享一个我当年犯过的错误。

这是我刚刚踏入职业生涯得到的第一个教训。当时，我在一家合资工厂做人力资源工作，在报纸上刊登过类似的招聘广告，招聘一位厂长助理。我们的招聘广告和上面的例子中要求的类似，要求女性，30 岁以下，相貌端庄。当时，我们的招聘专员想都没想就做出了招聘广告，和当时常见的报刊招聘广告高度一致。

第二天，厂长找到我，他是一位美国人。因为是给他的团队招聘助理，所以他让翻译给他翻译招聘广告的内容。在得知我们的任职要求之后，他非常紧张和生气，于是找到我问了一系列问题：

"总经理秘书一职为什么一定要女性呢？男性不能胜任该工作吗？"

"为什么一定要未婚呢？已婚的就不能做吗？"

"招聘总经理秘书一职，与相貌端庄有什么关系？相貌平平的就不能胜任吗？"

"为什么一定要年龄在 30 岁以下，年龄跟个人的工作表现有关系吗？"

"最重要的是——这些任职要求与工作表现以及我们希望达到的业务结果有关吗？"

这些问题问得我哑口无言，于是我回去后马上让招聘专员修改招聘广告。

有趣的是，经过几轮严格的笔试和面试，在众多应聘者中，最后还真招到了一位男士，而且在该职位一干就是几年，做得非常出色。

回到之前我要解答的问题，关键就是在于思考——招聘广告上的任职要求和我们希望达到的业务结果有关吗？

20多年后，当世界进入数字时代时，招聘用的已经是现代通信媒介和社交平台（如微信、领英等），但我们的观念好像没有什么改变。让我们看看每天在朋友圈、专业招聘平台发的招聘广告。

知名房地产企业招聘集团营销中心总经理：要求有地产集团公司总部营销管理经验，有多城市多项目管理经验；有同等职位三年以上、有地产前30强公司从业背景优先；全日制本科或以上学历、性别不限 1974-1979年出生，工作地点深圳。

该广告指明招聘 1974—1979 年出生的人，不知道该企业是如何得出只有 1974—1979 年出生的人才能胜任的结论的。这条广告性别不限，跟下面的比起来，算是不错的了！

职位一：招聘总监 年薪:60万~80万元 男性 1983-1985年出生
任职要求：
1. 第一学历，211全日制统招本科毕业
2. 地产背景相关招聘经验
3. 形象气质良好，工作有激情，抗压能力强

职位二：招聘经理 年薪:20万~30万元 男性 1986-1990年左右出生
任职要求：
1. 第一学历，211全日制统招本科毕业
2. 地产背景相关招聘经验；
3. 形象气质良好，工作有激情，抗压能力强

还有更离谱的，除了年龄限制（限制得还非常具体，让很多经验丰富的职业经理人只能望年龄兴叹），基本上都要求男性。不管是招聘高管人员（如总监），还是招聘普通经理，这些广告都明

确限制了女性求职者的机会。

　　下面的广告是一家新经济企业在招聘，不知道的还以为是模特企业在招聘，不理解人力资源主管为什么一定要招聘美女帅哥，难道能提高劳动生产率？这是典型的相貌歧视。

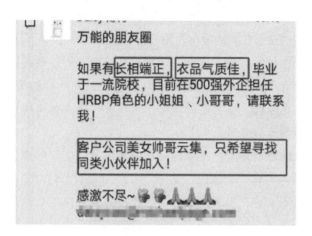

　　下面这个广告更让人捏了一把冷汗，工作地点在美国，很显然是在美国有注册企业，或者在美国有分公司，还是"面向美国公民或持有美国绿卡的人"招聘。这家企业如果被美国员工、律师和政府盯上，被投诉至美国执法机构的话，可能要承担巨额的罚款，甚至更严重的法律责任。

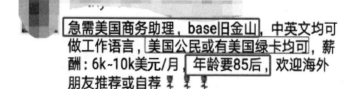

　　那些走出国门或者希望赴海外经营的企业，特别需要注意职场歧视方面的问题。如果这些事情发生在国外，特别是在一些相

关法律比较健全的发达国家，企业很可能会陷入无穷无尽的官司之中。

一位在新加坡工作的朋友告诉我，他在一家中国企业工作，上司在招聘的时候总是倾向于男性，甚至经常在办公室公开问他，招聘的候选人是男是女，因为这个岗位需要男性（没有任何理由，或者是一些站不住脚的理由，如经常需要出差……）。我让这位朋友一定提醒他的上司，这在新加坡是非法的，一旦被投诉到劳工部，将会有严重的后果。新加坡对职场歧视有严格的法律规定，甚至规定在候选人非自愿的情况下，要求候选人在简历上披露性别、性倾向等信息都是非法的。

我之前曾负责宝洁亚太区新加坡总部及东南亚的业务。有些新加坡华人抱有一个想法，觉得马来西亚人不太勤奋，而且教育背景一般不太好。当时，有一个高管人员需要招聘几位员工，她报给人力资源主管的要求有一条，就是不要马来西亚人。听到这一要求后，我们马上找她谈话，非常严肃地告诉她，我们不能在能力要求之外附加任何与任职资格无关的其他条件，包括性别、种族、年龄等。同时，我们再次在组织内进行了商业操守，特别是职场歧视方面的培训和教育，确保类似行为不再在员工招聘、员工任用及绩效评估等方面出现。

二、我们为什么需要重视

在相关法规较为健全的发达国家，企业和个人的歧视行为往往会给企业和负责人带来严重问题，导致法律制裁。让我们看几个真实的例子。

新加坡法律规定，在企业招聘及雇用员工期间禁止任何形式的歧视——包括性别、种族、宗教及年龄等。新加坡是一个多民族组成的国家，主要由华人、马来人和印度人组成。

新加坡花费大量精力努力建设多元和包容性的文化，这不仅是在保护个人权利，而且是维护国家安全的重要战略。因此，新加坡政府在这个方面采取了很多政策。例如，为促进民族之间相互了解与和谐相处，新加坡政府规定：每个政府组屋（中国的"经济适用房"就是源于新加坡的"组屋制度"）楼盘的销售必须按照人口种族的比例分配给不同种族，这样就能避免华人、印度人或者马来人各自聚居在不同的地方。

在新加坡，任何可能导致宗教或种族冲突以及误导性的言论、行为都可能招致法律制裁。例如，新加坡在 2005 年曾经有一个案例：两个年轻人因为在互联网上发布一些涉及种族歧视的煽动性言论而被拘禁和罚款。

新加坡对种族歧视的严厉制裁是有历史原因的。新加坡在历史上发生过几次因为种族歧视而导致的群体冲突事件，死伤惨重，而且这些冲突造成了新加坡严重的社会撕裂。

● 1964 年 7 月 21 日，马来人和华人发生冲突，导致骚乱。一队马来人在庆祝伊斯兰节日时，与当地华人发生暴力冲突。在这场暴力冲突事件中，有 36 人死亡、556 人受伤，另有 3000 人被捕。

● 1964 年 9 月 3 日，华人与马来人再次发生冲突，导致数人死亡，1400 人被捕。

● 时隔 5 年，1969 年 5 月 31 日，马来人与华人之间再次发生暴力冲突。暴动持续了 7 天，结果造成 4 人死亡、80 多人受伤。

由此可见，歧视和种族偏见可能导致严重的社会问题，给人民带来巨大的痛苦。

如果不能很好地管理和控制，工作场所的歧视同样会给劳动者带来不公正的待遇，甚至给其基本生活带来很大的困难，所以发达国家才会如此重视就业歧视的问题。

那么，什么是就业歧视？不同国家可能有不同的表述，但大致意思如下：

就业歧视，一般指条件相等或者相近的求职者在求职过程中，或者受雇者在就业时由于某些与个人工作能力无关的因素而不能够享有平等的就业机会，以及工资、配置、升迁、培训机会及就业安全保障的平等待遇，从而使其平等就业权利受到损害的现象。

与个人工作能力和表现无关的因素一般是指：

没有法律上的合法目的和原因，而基于种族、肤色、宗教、政治见解、民族、社会出身、性别、户籍、残疾或身体健康状况、年龄、身高、语言等原因，采取区别对待、排斥或者给予优惠等任何有违公平的措施，侵害劳动者权利的行为。

三、职场歧视及其风险与代价

在上文中看似简单的表述，其实潜藏着很多内容，对企业来说意味着很多的风险。我接下来将对这一部分进行简单介绍和分析。

1. 什么是"法律上的合法目的和原因"

这一点通常包含两个方面：

（1）法律上有特殊规定的。

例如，在俄罗斯，法律规定女性不能从事火车司机、钢铁工人等79种职业，这些规定的初衷是保护妇女的身心健康。

很多中东国家法律规定男女不能混杂在一起工作。沙特直到2017年才正式宣布女性可以开车。在此之前，女性不被允许做司机。这是因为，沙特一向奉行严格的伊斯兰瓦哈比教派规定，禁止陌生男女接触。虽然沙特没有明文禁止女性开车，但从未向女性发放驾照，也未给过任何解释。每年都有女性因开车挑战"禁驾令"被逮捕，从而失去工作和护照。

我在宝洁欧洲分公司工作的时候，当时将中欧、东欧、中东及非洲地区的分公司合并为一个管理区域。我们团队中来自沙特和其他中东国家的同事，对于企业当年如何创造条件以符合法律要求的同时雇用更多的女性员工、为女性提供更多的工作机会感到骄傲。公司花额外的费用租办公室，以使女性员工有专门的办公楼层甚至专门的办公楼，不和男性员工在一起办公。同时，人力资源团队和管理层一起，对女性工作岗位进行非常精心的设计，以确保既能满足当地政策和法律的要求（如不和男性直接接触），又能让女性有更多的就业机会。

直到2005年，中东妇女和男性从事同样的工作，依然很难获得全职职位以及津贴、健康保险和社会保障等雇员福利。宝洁在中东地区的人力资源团队设计特殊的保障福利，确保女性员工得到很好的健康保险及其他保障。

对于有社会责任感的企业来说，"如何行事"是其组织跨越国界、跨越宗教信仰，从上到下一直探索和追求的"正确的答案"。

（2）基于合理的商业理由，有些工作因为工作本身的要求，可能对从业者有一些特殊要求。基于特殊工作本身要求的任何区别、排斥或特惠，不能被视为歧视。

例如，绝大部分国家都将身高作为雇用空乘人员的一个条件，因为空乘人员需要帮助乘客放置行李箱，身高达不到基本要求很难完成任务。那么，这一关于身高的要求就可以被认为是合法的。

除身高之外，很多国家的航空企业不被允许将其他额外条件作为雇用要求。去欧美国家旅行过的朋友一定会感叹在那些国家的航班上，特别是在一些国内的航班上，很少见到像亚洲航班上大量的相貌端庄且年轻的空乘人员。

相反，在欧美的国内航班经常见到一些年龄在我们看来比较大的空乘人员。那是因为用这些人的费用比那些年轻貌美的空乘人员更少吗？绝对不是。事实上，这些年龄比较大的空乘人员也许成本更高，因为薪资是与服务年限挂钩的。

那么，问题来了，为什么航空企业还要继续聘请这些年龄比较大的空乘人员呢？

这就是我们要谈的问题：国际航班的空乘人员因为需要频繁倒时差，也许年龄较大的空乘人员难以胜任。但是，国内航班没有时差考验，而且飞机的行李限额重量小，许多50岁以上的空乘人员是完全可以胜任的。因此，如果这些年龄较大的人员申请工作，或者想继续职业生涯，航空公司很难拒绝，否则可能会因为没有合理的商业理由歧视就业者而被投诉，甚至惹上法律麻烦。

由此可见，在欧美国家，除上述符合法律要求的原因外，其他绝大部分没有数据支持的因素都可能被视为歧视。特别是一些看似合情合理的惯常做法，深究一下，就可能在法律层面站不住脚。

我在某公司台湾地区人力资源部门工作的时候。护肤品和化妆品是该公司很大的一部分业务，当时公司的销售专柜需要招聘很多美容顾问。销售团队在对美容顾问的管理方面做出了一系列详细的管理规定，其中在美容顾问的招聘标准方面有以下的具体要求：年龄、身高及外貌。

销售团队将项目计划书交给我批准，我问销售经理：

"我们为什么需要对年龄、身高和外貌进行这样的明文规定呢？"

"我们卖的是高端化妆品，年轻、漂亮、气质佳的当然更能代表我们的品牌形象，吸引高端客户，这样销售业绩也就更好。"销售经理回答。

"你们有数据证明真的存在这样的相关性吗？"

"数据倒是没有，但这是很显然的嘛！"

"我们先别下结论，还是拿数据说话吧，否则我们可能被控告涉嫌歧视。"

我让销售团队下去收集过去的销售数据，然后根据数据分析销售结果与销售人员的个人特质之间的相关性。

结果我们发现，在港台地区销售业绩排名靠前的是在企业做得比较久的美容顾问，性格比较外向，容易沟通，另外个人长期使用 SKII 产品，皮肤保养比较好。让人意外的是，专柜销售人员的年龄对业绩的影响并不大。事实上，几位年龄比较大的资深销售人员的业绩反而很好。

进一步分析表明，销售业绩与销售人员的年龄、身高和长相没有绝对的相关性。

有些工龄比较长且年龄相对较大的员工对产品的了解更深入，忠诚度更高，在跟进特定客户的过程中和客户建立了比较好的关系，客户黏性高，因此业务也会好很多。

最后，我们得出的结论是，我们需要修改之前的招聘标准，将可能涉嫌歧视的关于个人特质方面的部分去掉。

2. 关于残疾与身体健康状况方面的相关歧视问题

对待残疾人的态度，是社会文明与进步程度的标志之一。

去过欧美发达国家旅游或者在那里生活过的读者可能注意到一个现象：不管是去一些公园、公共游乐场所还是到商场闲逛，经常能见到一些残疾人开着电动轮椅或者借助其他的辅助工具出行。有些人和家人一起，有些人独自出来；有些人是工作，有些人是休闲。刚开始的时候，我总是禁不住问自己："为什么在欧美国家看到的残疾人比中国多很多？"

后来，在欧美工作和生活了一段时间，我慢慢了解了背后的原因。

的确，统计数据表明，欧美国家的残疾率比其他国家高很多。例如，美国残疾率为12.8%，英国18%，丹麦18%，德国9.3%，挪威高达20%，而中国为6.34%。然而，这个统计标准和统计数据的完善性不尽相同，残疾标准一般是由各国家参照国际标准，根据自己的国情制定的。

残疾标准是动态的，随着经济、社会及科学文化的发展而变化。在西方一些发达国家，把因疾病造成内脏损伤因而置换人工器官（如人工心脏、人工肛门、人工膀胱）的，也列为残疾。因此，发达国家的残疾率从数据来看普遍较高。

除这些原因之外，我们能在发达国家公共场所看到更多的残疾人，更主要的原因是发达国家社会层面对残疾人的支持。

由于经济、历史、社会及文化的原因，欧美发达国家在对残疾人的支持方面做得很全面，例如，公共设施采用方便残疾人的无障碍设计。

这些国家的酒店等公共建筑，通常会配备造价不菲的轮椅专用升降梯；公共设施通常有专门的供残疾人使用的轮椅坡道、无障碍卫生间，以及停车位……尽管使用频率不高，但这些都是法律要求的必要设施。

此外，法律对于保护残疾人和禁止歧视的规定也很严格。例如，假设你去繁忙的停车场停车，很难找到停车位，而很多残疾人专属停车位却空着，你在想能不能短暂停一下。答案是绝对不可以！没有残疾证的机动车（或者没有残疾人坐在车上）停在残疾车位将会招致巨额罚款，被吊销驾驶执照。对专业司机来说，可能意味着工作证或营业证照被吊销；在有些国家和地区，甚至可能被轻罪提控。

基于以上这些原因，在发达国家，残疾人出行与就业的比例高很多。这就能解释为什么在发达国家的公共场所我们能见到更多的残疾人。

残疾人就业是另一个比较敏感的话题，很多国家对企业雇用残疾人都有非常明确的规定，包括不得在雇用残疾人时出现歧视现象，有些国家规定达不到残疾人雇用比例的企业需要给政府另缴一笔基金作为残疾人保障基金。对于办公楼的建筑硬件，政府也有明确规定，例如，必须建设无障碍通道、残疾人卫生间等。

对于残疾人来说，除了硬件设施，更重要的是软件方面的支持，包括完善的法律、社会的支持和文化观念的进步。

例如，2018 年，《赫芬顿邮报》曾报道，美国纽约长岛的报纸《新闻日报》登载招聘广告。广告在任职资格上加了一些明显可能让残疾人不能应聘的条件。例如，其中有一个"发行合规分析师"的职位，任职要求除了实际的与工作相关的任职资格外，还要求"推动、拉动、抬起和搬运 25 磅以上的文件和办公用品的能力""每分钟至少输入 50 个字的能力"，以及"能够适应长达 8 小时久坐的能力"。

以下是这个招聘广告的任职要求：

- 财务或企业管理专业本科毕业，或类似学历。
- 较强的数据分析能力、组织能力和解决问题的能力。
- 有非常好的口头和书面沟通能力。
- 有业务知识，以及修改和撰写报告的能力。
- 能够在有限定时间的压力下同时管理多项事务，具备紧急应变能力。

- 具备较好的 Microsoft 办公软件（Word、Excel 等）使用能力。
- 在财务报告和财务分析模型方面有丰富的经验。
- 办公室工作需要求职者能够久坐，适应通常 8 小时的轮班工作。
- 有能力伸展、弯曲身体，具有偶尔推动、拉动、抬起和搬运 25 磅以上的文件和办公用品的能力。
- 具有每分钟至少输入 50 个字的能力。
- 《新闻日报》集团遵循平等就业原则。
- 工作场所禁止吸烟和使用毒品。

招聘广告贴出后，立即在推特上遭到一位记者的抨击。

这位记者是一位名叫温迪·陆的华裔残疾人，她自出生以来，就戴上了用以帮助呼吸的气管切开术管。她是纽约市的一名全国性记者，也是一位全球残疾人媒体发言人，曾为很多知名杂志撰稿。

温迪质疑《新闻日报》的这个招聘广告有故意歧视和排除残疾人候选人的嫌疑，因为现在有很多计算机软件能够帮助残疾人记录而不一定需要他们打字，而"移动 25 磅重的物品"也不应该成为该职位的就职条件，更离谱的是"要求 8 小时久坐的能力"，即使是健康人也很难做到。

温迪的推特发出后不久，《新闻日报》表示招聘工作出现失误，进行道歉并撤下了广告。

在现实中，的确有许多工作需要身体活动，例如建筑施工和消防抢险等工作。在这种情况下，在工作任职资格清单上列出"基本能力"可能有助于人们确定自己是否拥有满足岗位需要的能力。

　　据美国劳工部称，工作任职资格的重点应该放在工作本身需要的能力，而不是个人能力上。例如，前述的新闻媒体需要记者制作内容，需要的是每天制作一定数量的新闻报道，而不是打字速度等。

　　《美国残疾人法》禁止基于残疾的歧视，从企业刊登招聘广告的那一刻起，该法就已经适用，而不是在正式雇用之后才适用。在工作面试中，雇主可以询问应聘者是否可以完成特定的工作内容，但不能具体询问其残疾的性质或严重程度。

　　这意味着，残疾人在看到有问题的工作任职资格要求清单时，理论上可以根据《美国残疾人法》的以下规定提出索赔：就业歧视所涉范围包括雇用、解雇、晋升、调动或工资待遇等领域，在招聘广告方面对应聘者的歧视也是非法的。

　　除美国以外，欧盟及英国也有关于残疾人就业歧视的非常严格的规定。

　　例如，英国的就业平等法案明确规定雇主有责任对工作场所进行合理的调整，以适应和满足残疾员工的需求。

　　而对于年龄、信仰、性别、种族和性取向，通常没有促进平等的积极义务——企业没有法律义务在不歧视之外去做任何其他事情来特别支持特殊群体。

　　法国甚至规定不允许要求应聘者提供家庭住址，因为住在某些区域的人会被认为教育程度不高。

　　还有些法律禁止在招聘时要求应聘者提供姓名，而是要通过"盲名"的形式应聘，避免从名字看出候选人的族裔状况，如印度裔、阿拉伯裔，以减少发生歧视的可能。

　　近些年，中国在立法上禁止基于残疾的歧视，法律对反歧视和合理便利做出了更加具体的规定。2007 年制定的《中华人民共和国就业促进法》明确规定，用人单位招用人员，不得歧视残疾人。2008年修订的《中华人民共和国残疾人保障法》明确了反歧视原则：禁止基于残疾的歧视，禁止侮辱、侵害残疾人，禁止通过大众传播媒介或者其他方式贬低损害残疾人人格。

《中华人民共和国残疾人保障法》明确规定国家机关、社会团体、企事业单位、民办非企业单位应当按照规定的比例安排残疾人就业，并为其选择适当的工种和岗位。达不到规定比例的，按照国家有关规定履行保障残疾人就业义务（缴交残疾人就业保障金）。

总体来说，我国在残疾人保障和支持上有了很大的提升，但可惜的是，很多企业选择缴交残疾人就业保障金而不是研究如何创造条件来给残疾人更多的就业机会。其实，残疾人最需要的是一份体面的工作，能够自食其力，得到社会认可。

身体健康状况方面的歧视也是另一个比较普遍的问题。很多国家明文规定个人医疗记录和健康状况属于个人隐私，除非有法律规定的涉及一些特殊行业及特别的传染病（例如，患某些消化道传染性疾病的人不得在食品和餐饮行业工作），否则不得对就业者有任何歧视。

就业歧视在我们眼里似乎并不是问题，并且司空见惯。特别是对中国企业的高层管理人员和人力资源工作者来说，可能在国内很少见到因这方面的错误而付出巨大代价的情况，也不相信小小的歧视问题，会给企业带来巨大的损失。

然而，越来越多的中国企业扬帆出海，所以了解和遵守相关法律是非常重要的，否则可能导致重大损失。

3. 因就业歧视给企业带来的代价到底有多昂贵

让我们看一些前车之鉴，特别是国际大型跨国企业在这方面的教训。下面是发生在美国知名大企业的一些案例。

2007 年，在马萨诸塞州，一位名叫辛西娅的女性药剂师，起诉沃尔玛存在职场歧视。

事情缘于辛西娅要求企业支付其与相同职位男性员工相同的工资，结果被解雇了。沃尔玛给她的解释是她在当班时不在工作岗位，发生填写药剂处方舞弊的事情。辛西娅后来证实，这件事发生在她提出同工同酬要求的一年半以前。

沃尔玛解雇该员工，被认为是因为其提出同工同酬的要求而进行报复。最后，沃尔玛虽然因为公司内部有相关的"不得歧视"政策而没有被裁定为存在系统性的歧视文化，但法官认为沃尔玛让每家门店经理在"歧视被广泛接受和存在"的文化下运作和管理，从而裁定沃尔玛赔偿辛西娅 200 万美元。

值得注意的是，如果沃尔玛没有相关的"不得歧视"政策，这个案子将会导致更加严重的后果。

2009 年 2 月，沃尔玛又为另一起集体诉讼案支付了 1750 万美元的和解费用。

起因是一名卡车司机控诉沃尔玛在招聘过程中存在歧视非洲裔应聘者的现象。

该案始于 2004 年，原告是一名叫纳尔逊的非洲裔男子。根据案情记录，一位人力资源总监告诉纳尔逊，他的直觉认为纳尔逊可能对个人信用及驾驶记录有问题，因此将被雇用为工人，而不是卡车司机（卡车司机的报酬高很多，但因为涉及运输和货物安全的问题，对司机的审查也严格得多）。

纳尔逊认为，除了提供商业驾驶执照、良好的个人记录和工作历史，想得到卡车司机的工作，他还被要求提供好的信用评级。他声称企业的这个口头要求是为更有利于白人应聘者而提出的，因为提供好的信用评级不是一个对所有应聘者的统一的招聘要求（因此，我们建议招聘的任何附加标准/条件/任职资格都需要非常谨慎地处理，做到公平一致）。

原告律师认为，原告有合理的证据证明沃尔玛存在违规行为。该案最后以沃尔玛支付 1750 万美元和解费用结束。根据和解条款，作为世界上最大的零售商，沃尔玛被要求建立一个雇用目标基准，以确保未来雇员的种族比例和申请该企业工作候选人的比例一致。

沃尔玛还必须挑选多样化的招聘官，同时确保招聘工作及招聘广告更好地适应非洲裔美国人。

2010 年，沃尔玛又卷入了"性别歧视"的集体诉讼案中。沃尔玛的伦敦分销中心被指控，从 1998 年至 2005 年，拒绝接受女性应聘者。

原告起诉沃尔玛只接受男性应聘者成为仓库员工，尽管有些女性应聘者同样合格，甚至能做得更好。调查人员发现，招聘人员告诉应聘者，订单输入员的工作不适宜女性应聘者，他们雇用的基本上是 18～25 岁的男性。平等就业机会委员会认为，沃尔玛涉嫌根据歧视性的性别偏见来决定初级订单输入员的聘用。

平等就业机会委员会认为，将女性排除在某类工作之外违反了在 1964 年生效的《公民权利法案》。该案件最终在 2010 年 3 月以沃尔玛支付 1170 万美元赔偿金结束。

因为涉嫌歧视而惹上官司并付出巨大代价的远不止沃尔玛一家。2005 年，美国美林银行因为涉嫌性别歧视，付出近 4000 万美元的赔偿金。而此前，美林银行刚刚因为涉嫌歧视非洲裔交易员被要求赔付 1.6 亿美元。

那么，这些巨额诉讼案的依据到底是什么呢？

谈到歧视，我们必须提到美国的两个法案：《公平就业机会法案》（Equal Employment Opportunity）与《平权法案》（Affirmative Action，直译为"扶持行动"）。

要了解这些法规与政策，我们不妨先简单了解一下种族歧视在美国的历史。

短短 200 多年的美国历史，是充满种族歧视和压迫的历史。黑人及土著居民在新移民的统治下过着备受欺凌和压迫的生活。美国的内战史就是著名的解放黑奴运动的革命史。

南北战争后的美国，虽然废除了奴隶制度，但黑人的地位还是非常低的。例如，有些公交车上设有专门给白人的位子，而有些公交车不允许黑人乘坐。

看过电影《绿皮书》的读者应该对此有所了解，在 20 世纪 60 年代中期之前的美国，黑人的社会地位低，安全没有保障，在工作和生活的方方面面都遭受着歧视。

"绿皮书"就是为方便黑人出行而诞生的一个导游手册一样的东西，书中提供了黑人出行时可以安全出入的酒店、饭馆及酒吧等详细信息。黑人在"绿皮书"列出的名单之外的酒店、饭馆和酒吧住宿、用餐可能招致歧视、骚扰甚至危及人身安全。

20 世纪 60 年代之后，美国黑人地位有所提高，但对黑人的种族歧视仍然非常严重，平等就业仍然难以实现。20 世纪 60—70 年代期间，美国黑人和很多思想进步的白人付出很大努力，致力于创造一个自由平等的社会。最著名的是黑人和平运动领袖马丁·路德·金领导了数次黑人运动，改写了美国种族歧视的历史。

迫于各种社会进步力量的压力，美国在这一时期推出了一系列反对歧视的联邦法律，并于 1965 年 7 月成立公平就业机会委员会来监督和保障这些法律的实施。公平就业机会委员会是一个独立的联邦执法机构，执行联邦政府所有的平等就业机会法律，并负责监督和协调联邦政府有关平等就业机会的规定、措施和政策。平等就业机会委员会也负责调查基于种族或族裔背景、肤色、宗教、性别、年龄、残疾的歧视和打击报复反歧视者的违法行为，以及对雇主和工会提起的歧视控诉。

1967 年，《反雇佣年龄歧视法》（ADEA）保护年龄在 40 岁及 40 岁以上的人不因年龄而受到就业歧视。

1990 年，《美国残疾人法案》第一章明确指出禁止歧视符合工作要求的残疾人。

1991 年，美国推出关于蓄意进行就业歧视应予以金钱赔偿的相关规定。

依照《民权法》《美国残疾人法案》和《反雇佣年龄歧视法》，在美国，在就业的任何环节和方面的歧视都是非法的，包括雇佣、辞退、薪水、工作分配、调动、解雇、补贴、退休计划、请假或任何其他就业条件方面的不平等待遇；禁止基于种族、肤色、宗教信仰、性别、族裔背景、残疾或年龄的歧视，以及基于怀孕的歧视。

此外，对于控告和投诉歧视、参与调查或者反对歧视行为的个人进行报复也是非法的。前面提到的沃尔玛药剂师辛西娅的案例，被认为是对投诉者进行打击报复的典型案例。

《平权法案》要求企业采取鼓励雇用和录取少数民族、弱势群体、女性等求职者，以防止种族与性别歧视的积极行动。

在 20 世纪 60 年代，平权运动随着美国黑人运动、妇女运动等民权运动的兴起而出现，最早由美国总统约翰逊在 1965 年发起，主张在大学录取学生、企业招收或晋升雇员、政府招标等情形下，应当照顾少数种族、女性、疾病患者及残疾人等社会弱势群体。

《平权法案》是对过去美国社会中弱势群体所受伤害的补偿，目的是给历史上曾经受过歧视而受困于不利的经济条件和社会歧视的少数族裔提供更多的教育和工作机会。该法案可以理解成一种"反向歧视"，是用降低标准的办法有针对性地录取少数民族、弱势群体、女性等。

除美国之外，其他国家和地区，特别是欧洲一些发达国家，也在过去几十年间逐步完善了相关的反歧视法案。

欧盟反歧视法案主要强调保障某些特殊群体的权益，包括宗教信仰自由。反歧视法案主要是促进平等，保障某些特殊群体的权益，例如老人、少年、妇女及有特殊需求人士，皆享有同等权利及机会。

2006 年开始实施的《平等待遇法》，通称《反歧视法》，包括欧盟对反歧视的相关规定。根据规定，雇主在招聘时不得歧视不同种族、民族、性别、宗教、残疾、年龄与性取向。受到歧视的员工首先可以向上级或专管人员投诉。在某些情况下，受到歧视的员工可以拒绝工作，直到歧视被消除。

欧盟《反歧视法》是在欧洲一体化进程中发展而成的。经过近半个世纪的努力，欧盟现已成为全球反歧视法律体系最完善的地区，其保护体系从最初的反性别歧视发展到待遇平等、全面的就业平等、公共服务等社会领域的普遍平等，为各成员国反歧视建立了完善的整体架构。

公平就业机会和平权法案的实施和推行是人类文明在现代社会的一个巨大进步。

4. 宗教与政治信仰歧视

宗教和政治信仰歧视在中国并不常见，因此大多数人并没有太多的概念，但如果在外资企业工作或者作为走出国门的中国企业就需要特别注意了。

如果企业不能制止宗教和信仰歧视，将会大大降低生产率，还会导致企业的工作环境非常不健康。

试想一下，你在新加坡、美国或者其他一些多党选举制的国家，而不同的员工有不同的信仰和政治倾向，如果我们在办公环境中讨论政治选举等事宜，将可能导致一些不愉快的事情发生。

如果当事人是上下级关系，将会把事情弄得更加复杂。在国外，经理通常被认为是企业的代表，如果出现歧视问题，会被认为是企业行为，将会给企业带来非常大的麻烦。

宗教信仰歧视也是一个比较敏感的问题，企业特别需要尊重当地的宗教信仰。例如，信仰伊斯兰教的员工可能一天需要祷告五次，有些国家（如英国）明确规定，如果一个信奉宗教的人希望抽出时间祈祷、穿特定的衣服或佩戴珠宝，企业不用支持，雇主有权要求按照最初商定的雇用条件履行雇用合同，但如果企业力所能及，则应予以支持。

对于绝大部分国家来说，为生产安全和避免生产中断，对于在生产线工作的信仰伊斯兰教的员工，企业没有义务提供祷告时间。为避免生产线的安全隐患，企业也可以要求员工不得穿戴传统的穆斯林长袍和头巾。

但是，在条件允许的情况下，适当提供条件、满足员工合理的需求（例如，给在办公室工作的员工提供场地和时间进行祷告），将会大大提高员工的士气和敬业度。

因此，走出国门的中国企业和员工需要高度重视宗教信仰方面的歧视问题，以避免因为忽视此类问题而给企业带来风险和麻烦。

5. 不同的歧视类型和可能的影响

要进一步理解关于歧视的问题，我们需要注意不同的歧视类型以及歧视可能带来的后果。

（1）歧视分为直接歧视和间接歧视。

直接歧视：某人由于个体特征，如种族、性别、年龄、性取向而受到针对其个人实施的较不利的待遇。例如，上面提到的沃尔玛的卡车司机职位的非洲裔应聘者受到不同对待，就属于直接歧视。

间接歧视：当雇主对所有员工实行的政策、惯例或程序，使一组人处于不利地位时，则会发生间接歧视。例如，规定未婚或没有孩子的员工上夜班及周末班，将可能造成对同性恋员工的间接歧视，因为同性恋员工通常没有孩子。

（2）对抱怨和投诉歧视行为打击报复将会被严厉惩罚。

某人由于对歧视行为提出或打算进行投诉而遭受报复，或者因为他们正在协助其他投诉歧视的人（例如，在诉讼中提供证据）而遭受报复，包括解雇、转岗、晋升受阻或扣除奖金。在这种情况下，从法律上来说，对雇主的惩罚会加重很多。

我们回到前面提到的沃尔玛药剂师的例子。虽然沃尔玛认为员工由于过失而受到惩罚，但并没有及时处理，而是等到员工提出同工同酬的问题后才被以之前的过失为由解雇，因此员工认为这是对投诉的打击报复。在这种情况下，沃尔玛作为雇主，很难逃脱歧视及对投诉的打击报复的责任。

（3）在很多国家，歧视的赔偿没有上限，这意味着法庭可以判决歧视方向受害方支付巨额赔偿。

赔偿可以针对经济损失和感情伤害，目的是补偿受害人因雇主的非法歧视行为而遭受的物质上的损失和精神上的压力。如果雇主以特别恶劣的方式行事，则赔偿额可能更高。

我相信，到此为止，大家对于歧视的社会背景及其相关法律有了一个大致的了解，也认识到了企业卷入歧视纠纷的潜在风险。接下来，让我们看看在企业的人力资源实践方面具体有哪些要注意的地方。

如果想在国际市场开展商业活动，要避免因歧视问题而给企业带来麻烦，企业需要关注以下几个方面。

（1）员工手册关于禁止歧视的规定。

企业有关于"无歧视"的书面规定吗？企业必须在员工手册

或企业政策中明确"无歧视"的具体规定。

"无歧视"的相关规定、制度在企业得到推广和贯彻了吗？企业必须积极宣传、严格贯彻"无歧视"的规章制度。

（2）对管理人员、人力资源从业人员的培训。

企业的管理人员，特别是中层管理人员及人力资源部门是否真正理解"反歧视"法规和要求？

企业的人力资源相关的政策和制度是否合规？在企业招聘、升职和评估的流程里有没有潜在的歧视操作？这包括将任何与工作表现无关的因素作为招聘、提升和评估的标准，如身高、性别、年龄、籍贯、宗教信仰、残疾、外貌、婚姻家庭状况、性取向等。

将不同国家在反歧视方面的不同细节要求，反映到企业的工作流程和人员管理中。

例如，在欧洲，应聘者的名字能反映出他的背景，名字叫"大卫"的比叫"穆罕默德"的候选人更容易通过简历筛选，因为雇主可能倾向于不雇某族的候选人（如穆斯林、华裔、印度裔）。因此，法国规定大企业需要用"盲名"（即在简历上隐去名字）的形式招聘。2017年，英国首相戴维·卡梅伦宣布，大学招生服务在申请流程中采用"盲名"。许多其他组织紧随其后，包括公务员考试委员会、国民医疗服务、英国广播公司（BBC），以及毕马威、汇丰银行和维珍理财等。

在法国，直接或间接收集与求职者相关的某些类型的信息可能会受到限制。因此，企业在招聘过程中必须严格遵守"无歧视"原则。在收集信息之前，企业需要思考以下问题。

首先，在招聘阶段是否必须收集这些信息。换句话说，企业寻求的信息是否与工作直接相关。其次，基于透明性原则，应在收集任何信息之前通知应征者有关收集信息的要求和信息披露权限。

这看起来似乎很明显，但招聘负责人必须谨慎考虑法国对歧视的定义。法国禁止的歧视形式不仅限于基于应聘者的出身、性别、年龄、家庭状况或性取向的歧视，还有其他很多方面需要注意。在法国，涉及歧视的要求或不可收集的信息包括：

● 雇主不得根据其居住地歧视应聘者。有歧视倾向的人认为住在某一地区的人教育程度更高或更低。因此，最好不要问应聘者居住地。

● 种族、年龄、性别、家庭状况、怀孕情况、外貌、健康水平、残疾情况、遗传特征、性取向、性别认同。

● 由于已知或明显的经济或财务状况而造成的特殊问题。

● 是否工会会员或相关的活动情况。

● 除非工作需要，应聘者用法语以外的语言表达的能力（禁止语种歧视）。

● 与该工作没有直接关系的问题和信息，如兴趣爱好、参军记录或应聘者如何成为法国公民的问题。

● 不要与候选人讨论宗教和政治观点。

● 除非在招聘过程中有必要，否则不要索取个人数据（例如，在准备雇用合同之前，不需要应聘者的社会安全身份号码）。

● 可以索取就业证明，从他们的前雇主（或前同事）那里收集信息和推荐信，但必须在通知应聘者并获得其明确同意后才可以进行。

● 应聘者以前的工资单。除非应聘者透露他的工资历史，否则不要询问。

特别是对于一些大型企业和劳动密集型企业，中层管理人员的一些不规范行为很可能给企业带来灾难性的后果。例如，沃尔玛在招聘、解雇过程中犯错误的都是中层管理人员，甚至是人力资源部门的工作人员缺乏法律意识而导致企业遭受数百万美元乃至千万美元的损失。因此，对管理人员的反歧视培训非常重要。在法国，政府要求超过300人的大型企业以及招聘机构必须至少每五年向员工提供一次有关反歧视的培训。

（3）确保硬件设施合规。

企业采取具体措施，支持无歧视和尊重多样性。例如，开设残疾人通道、哺乳室、祷告室（有穆斯林人口分布的国家和地区）等。

从以上所讲内容可以看出，很多国家在反歧视方面的合规要求非常严格。

如果我们能够做到以下这些，将为企业在国际市场，特别是在欧美市场顺利开展商业活动规避很多风险。

● 有清晰、明确的书面政策来规定禁止歧视。

● 时时检查人力资源部门在建设"无歧视"工作环境方面的情况。

● 为管理人员提供相关培训，避免日常工作中任何可能导致歧视的做法。

第二节　没有欺凌和骚扰的工作环境

一个没有欺凌和骚扰的工作环境，不仅关系到企业的声誉，还可能让企业免除连带的法律责任。

一、工作环境中的欺凌和骚扰

我们提倡建立一个对员工来说具有尊重、安全和有归属感的环境。而对于创造这样一个环境的大忌，就是对工作场所存在的欺凌和骚扰现象采取容忍和无视的态度。

欺凌和骚扰是指有意伤害某人感受或贬低他人价值的行为，包括基于种族、肤色、宗教、性别（包括怀孕）、国籍、年龄，以及残疾或遗传相关问题等方面不受欢迎或令人反感的行为。

令人反感的行为可能包括但不限于侮辱性的称谓或称呼，身体攻击或威胁、恐吓、嘲笑、侮辱，冒犯性的玩笑、物品或图片，以及其他对工作绩效产生干扰的行为。

具体来说，欺凌和骚扰通常表现为以下形式：

- 对某人发表关于其外貌或能力的伤害性言语。
- 在网上发布对某人无礼冒犯的信息。
- 用行动伤害别人，包括打骂等有辱他人身心的行为。
- 恶劣对待某人，或因某人本身的特点（残疾）而故意排斥对方。例如，因为某些人有残疾而给予恶劣待遇，包括讲侮辱残疾人的笑话，或因为某些身体残疾（隐性和显性的残疾）而羞辱某人，令其感觉被侮辱。
- 在性方面，对别人身体有触摸、捏拧等行为，或给予某人不受欢迎的性方面的暗示或追求。
- 因某些人的性取向、活动、嗜好或衣着而对其不尊重，对某些人的性及性取向发表粗鲁的评论。

这些行为通常都是重复针对同一人或一个群体的，往往违背尊重原则，而且有正常判断能力的人应该知道这种行为不受欢迎。

骚扰包括但不限于以下情况：

- 骚扰者可以是受害人的主管，也可以是企业其他地区的主管、雇主的代理人、同事或非雇员合同工。
- 受害人不必是被骚扰的人，也可以是受到攻击行为影响的任何人。

● 有些非法骚扰，并不一定对受害者造成经济伤害或影响其雇佣关系。

欺凌和骚扰通常是在工作场所和其他公共场所发生的，例如，欺凌、威胁、恐吓、控制、压制其他人。这些行为严重干扰人们的正常生活，在很多国家，情节严重的会受到法律制裁。

在美国，在以下情况下的骚扰行为是违法行为：

● 受害人不得不忍受将冒犯性行为作为继续雇用的条件。

● 骚扰行为严重或普遍到足以让正常人合理地认为所处工作环境具有恐吓、敌意或侮辱性因素。

反欺凌和骚扰的法律同样禁止报复指控行为，禁止报复以任何方式参与事件调查及诉讼案件的个人或组织。

美国电影《北方国度》让我印象深刻，我深深地体会到工作环境中的欺凌和性骚扰，以及雇主的不作为可能对员工造成的严重伤害。

这是一部根据真实故事改编的电影，由查理兹·塞隆主演，故事发生在 20 世纪 70—80 年代的美国明尼苏达州。故事的大概情节是：

刚刚结束不幸婚姻的乔茜·艾米斯（查理兹·塞隆饰）带着孩子回到家乡，投靠父母。父亲一直讨厌女儿，因为乔茜在念高中时未婚生子，让父亲觉得她是个放荡的女子。乔茜带着两个孩子，为了生活，在好友格洛瑞的推荐下进入当地一家铁矿公司，成为当时为数不多的一名女矿工。

工地上的男人对包括乔茜在内的女工肆无忌惮地开性玩笑，触摸她们的身体甚至暴力凌辱，场面令人发指。例如，因为上厕所不方便，女工争取到让公司在工地上提供流动厕所。然而，当一个女工在上厕所的时候，几个男工摇晃并推倒厕所，导致女工被厕所的污物弄得全身恶臭。女工们总是忍气吞声，而乔茜受不了这些。乔茜向主管提出抗议，主管敷衍了事。在男工知道乔茜去找主管投诉后，将大便涂在女更衣室里。没有办法，乔茜又到公司总部和董事会交涉，没想到老板竟然认为她出头带大家与企业对抗，马上辞退了她。

其他女工在乔茜开始投诉性骚扰行为后，在男性同事的报复中遭受了更多的骚扰甚至虐待，而大家对乔茜的坚持并不太理解，认为她们遭受的报复是因为乔茜所致。

失去工作的乔茜生活陷入绝境，更让她绝望的是父亲也认为一切都是她引起的。男同事鲍比散布谣言，说乔茜企图引诱他。在冰球比赛场上，鲍比的妻子当众羞辱乔茜，使儿子和父亲再一次为乔茜感到羞愧。乔茜未婚生子的经历给她造成了很大的负面影响，让人觉得她所说的性骚扰是因为她勾引男性同事造成的。

好心的律师比尔给了乔茜帮助，支持她争取权益。濒临绝境的乔茜请比尔当她的律师，向铁矿公司提起诉讼，发誓要为饱受性骚扰的女工讨回公道。比尔建议她召集其他女性参加集体诉讼，这将是美国首例关于性骚扰的集体诉讼。但是，其他女工担心因此失去工作和招致更多的骚扰，因此乔茜只能独自提起诉讼。

在工会会议上，乔茜试图向矿工讲话，并解释她起诉该矿的原因，但他们不断打断并侮辱她。最后，乔茜的父亲汉克，在同一个矿场工作的矿工，为女儿站起来，并谴责他的同事对乔茜和其他女工的毫无人性的虐待。

在案件调查过程中，法庭发现当年乔茜在高中未婚生子是因为被老师强奸。乔茜的父亲在这一过程中开始转变自己的立场。此后，其他妇女也站出来，随后是她们的家庭成员，甚至还有几个骚扰女性的男工也站出来作证。最后，在父亲、女同事和比尔律师的支持下，乔茜打赢了美国历史上第一宗性骚扰官司。铁矿公司被迫向女工们支付伤害赔偿金，而美国由此制定了具有里程碑意义的工作场所防性骚扰政策。

该电影基于出版于 2002 年的《集体诉讼：路易斯·詹森的故事和改变性骚扰法的标志性案件》一书改编，乔茜的原型是路易斯·詹森，她从 1975 年开始在明尼苏达州埃弗莱斯的 EVTAC 矿山工作，在 1984 年提起诉讼。这个集体诉讼案实际上花了 14 年的时间才结案。1998 年 12 月，EVTAC 矿山和原告达成和解，向 15 名妇女支付了共计 350 万美元的赔偿金。

虽然最后的和解费数额不算大，但该案对欺凌和性骚扰的集体诉讼案具有里程碑的意义。

骚扰严重影响工作环境，不但给被骚扰的员工、供应商或其他一起工作的人带来了负面的影响，也给工作环境带来敌对氛围，影响组织的士气。

这是企业管理人员不能不重视的一个问题。特别是走出国门的中国企业，一定要了解和遵守当地的行为准则。

二、明确企业责任，预防工作场所不当行为

一些国家的法律规定，雇主对高级别员工的骚扰行为负有责任，因为高级别员工可能采取不利于受害人的与雇佣相关的行动，例如，解雇、取消提拔决定等。

如果主管的骚扰导致工作环境充满敌对氛围，则雇主只有在能够证明以下事实的情况下才能避免承担责任：

● 雇主已经及时、合理地尝试阻止和纠正骚扰行为。

● 雇员不是因为工作原因而受到骚扰，因此未能利用雇主提供的任何预防或纠正机会。

即使是第三方员工，如果雇主的员工对其控制的合同工或非雇员（如独立承包商或企业的客户）进行骚扰，雇主知道或应该知道该骚扰行为但未能及时采取措施，则雇主应承担没有及时采取措施的责任。

在明确责任的前提下有效预防是消除工作场所骚扰的最佳方案。很多国家的法律鼓励雇主采取适当措施，防止和纠正非法骚扰行为。

● 雇主应明确告知员工不要容忍骚扰行为。

● 雇主应该建立有效的投诉机制，向员工提供反骚扰培训，以及在员工投诉时立即采取合理有效的措施。

● 雇主应努力创造环境，使员工可以放下顾虑，及时反映问题、提出疑虑，并让员工相信企业可以解决这些问题。

● 鼓励员工直接告知骚扰者，该行为不受欢迎，必须停止。

● 员工应尽早向管理层报告骚扰行为，以防骚扰升级。

在调查骚扰指控时，美国公平就业机会委员会会查看整个记录，包括具体行为的性质以及所指控事件发生的背景；根据不同的情况，确定骚扰的严重性及普遍性，决定其是否构成犯罪。

三、性骚扰类型

在骚扰行为里，最常见、最让人厌恶、对受害人可能影响最大的类型是职场性骚扰。一般来说，性骚扰问题有以下几个方面。

1. 性交换

通常来说，性交换是职位较高的企业管理人员明示或暗示以性方面的要求，作为员工、求职者取得职务，或者取得对其劳动条件或岗位进行变更的交换条件。例如，从夜班换到白班、雇佣关系继续或终止。

换句话说，女性员工若拒绝上司或其他管理人员的性要求，就可能丧失某种工作权益，包括得不到晋升机会，甚至遭到降级、减薪或其他工作上的报复。因此，此类骚扰对女性的人格尊严及工作权益造成了相当大的伤害。

职场性骚扰的受害者通常难以提供证据，从而使调查受阻，并且很多人选择沉默，因此助长了实施性骚扰人员的胆量。

我曾经处理过一个职场性骚扰案，一位高管人员被员工投诉经常在一对一的小型会议时对女员工动手动脚。同时，有传闻称该管理人员与一位女员工关系暧昧。调查人员与相关员工进行面谈，可惜的是，因为无法提供相应的证据，很多人对此三缄其口。而且传闻中与其关系密切的女员工不是他的直接下属。最后，公司不得不暂时得出结论，这只是一件没法证实的事，可能有利益冲突，但无法证实性骚扰的存在。

几年后，对该管理人员的投诉再次出现。这一次就不同了，在调查中，好几位女员工能够提供证据。例如，其中一位员工提供了来自该管理人员的短信，对方邀请她到酒店开房；还有的提供了对话录音。最后，在铁证面前，该管理人员不得不承认自己的恶行，被公司辞退。

现在回头来看，公司第一次的处理方式是有很大风险的，最主要的问题是：

（1）当时没有将调查流程做好文件保存下来。

（2）没有留下对该管理人员投诉和调查的书面记录。

我建议企业对类似的事件做好如下记录：

××年××月××日，公司接到关于你骚扰××行为的投诉。

你确认没有骚扰行为，你理解公司关于骚扰的零容忍政策，不会参与和实施任何骚扰行为，你也理解如果有任何骚扰行为，按照公司政策，将会有×××后果……

同时应该让员工在文件上签名，留档保存，以便在骚扰行为再度发生时，企业有明确的调查和处理记录。

此外，受害人不一定是被骚扰的人，可以是受到骚扰行为影响的任何人。

例如，有人和上司有性交换并得到回报，如较好的工作待遇、较快的工资增长，以及更好的工作职位。这对其他员工来说实际上是另一种骚扰，同时在企业内形成不良风气——不是以工作表现和能力，而是靠和上司的暧昧关系得到好的待遇。

这无疑会影响工作氛围，破坏士气，令其他员工觉得不公平。因此，不管从哪个角度，企业都应该高度重视内部的性骚扰或者利益冲突问题。

前面说的这种性骚扰现象通常发生在上司和下属之间，而另一种更常见的性骚扰则发生在工作场所同级同事之间，通常是单方面的骚扰，往往会给工作场所带来充满敌意的氛围。

2. 性骚扰造成的敌对工作环境

这种性骚扰是指在工作场所中，单方面以与性有关的语言、评论、举动或其他方式，给员工、供应商、客户的员工或求职者造成困扰。此类性骚扰可能包括"性骚扰"或不受欢迎的性侵犯，包括口头上的黄笑话、色眯眯地窥视、触碰对方敏感部位，以及强迫对方陪老板应酬等。值得注意的是，性骚扰不一定是性行为，还包括与性相关的令人反感的言论。例如，对女性进行一般性、冒犯性骚扰是非法的。

受害人和骚扰者可以是女性，也可以是男性，也可以是同性。

为避免形成充满敌意的工作环境，一些受人尊敬的企业通常会明确规定哪些是不可接受的行为。例如：

●员工不得在工作场所张贴人物形象暴露的贴纸、画报，因为这可能引起其他员工的不适和反感。

●在一对一会议或招聘面试时，不建议在酒店客房进行，如果要在酒店面试，应该租借会议室，避免给企业招致误会和不必要的麻烦。

●对一些员工的可能涉嫌骚扰的言行，如果其他员工明确提出"觉得不合适，感觉不自在，甚至有些反感"时，该员工必须立即停止此类言行。

●员工在工作场所的衣着必须合适，不得过于暴露，如低胸装、超短裙等可能引起其他员工反感或不适的衣着，从而影响企业的工作氛围。

值得注意的是，骚扰不仅发生在工作场所，也可能发生在非工作场所。

如果当事人之间是工作关系，一旦出现问题，企业也脱不了干系。例如，在同客户、供应商及有权决定和批准业务合同的相关人员的会议及企业资助的娱乐餐饮场所。最常见的是一些女性员工被迫陪客户吃饭喝酒，在此过程中可能伴随一些骚扰行为。由于种种原因，这种情况在某些商业环境中并不少见，但在相关法规比较健全的环境下就绝对属于违法行为。

在不同的文化背景下，人们对于涉嫌骚扰言行的敏感度非常不同。例如，在美国比较保守的办公环境中，在工作场所夸赞某位女性员工衣着漂亮的时候都要非常谨慎，尽量不要用"性感""非常迷人""有诱人的魅力"之类的语言。

当对方用语言或肢体动作表现出不自在或反感的时候，立即停止这类行为。

在衣着方面，不同国家可接受的标准也很不同。例如，拉丁美洲和欧洲的一些女性在上班的时候穿着比较暴露。我在布达佩斯办公时，当地女性员工衣着就比较开放，而美国及其他一些国家整体比较保守。因此，从其他地区到布达佩斯出差的同事会受到文化冲击。

肢体接触更因文化差异而大不相同。例如，在欧洲，比较亲近的男女同事、朋友之间很普通的拥抱和贴面吻，在亚洲很多国家都是非常不合适的行为。

即使在同一个国家，不同的办公环境对这方面的认知也很不同。例如，在同一个国家，工厂的工作环境对性方面的玩笑接受度比较高，有些甚至以此调节工作和团队氛围，但在写字楼的办公室环境中则很不合适。

总之，判断什么是合适行为的一个主要标准是根据具体环境，务必从文化角度了解什么行为方式是合适的，什么是不合适的。

当不确定的时候，你就用最保守的方式行事，这样可以远离尴尬，避免麻烦。

3. 在非工作场所发生的上下级之间的骚扰

在非工作场所发生的上下级之间的骚扰也是一个需要引起我们注意的地方。让我们看一个例子：

据媒体报道，2020 年 4 月 7 日，离一个月的试用期结束还有 8 天，21 岁的女护士小莉（化名）收到了医院领导詹主任的信息："这两天你就可以过来找我办离职手续。"

詹主任向她发信息说："给你个忠告！做事学习可以慢，但一定要领会领导的意思并听从领导的指示。"

没有得到一个合理的解聘理由的小莉认为，自己被解聘与她此前拒绝詹主任请她吃饭有关，便将自己的遭遇以及与该主任的聊天记录上传到网络上。

4月14日，该医院的潘院长表示："经过调查，风湿科的詹主任与员工的言行，肯定是不当的，对于这种行为，医院是明令禁止的。其言行不仅对员工，对整个社会也造成了不良的影响。"

潘院长还表示，詹主任在工作以外的时间约员工吃饭的行为是不合适的，并且他不只约过一名员工。员工工作以外的时间，无论是院方还是管理者，都无权干涉。同时，詹主任对员工的工作指令并不明确，也不符合医院的管理方式。他对小莉离职的原因并没有解释清楚，尤其对小莉的"忠告"，表达内容不明。如果员工是因为工作不符合要求被解聘，应该明确指出来，但詹主任的"忠告"含沙射影，容易让人产生误解。

根据报道情况，此事是否涉及性骚扰，还是未知数。其实，同事之间相约吃饭是很正常的事情，同事之间在工作之余一起出去吃饭，可以增进彼此之间的了解。上下级之间也可以光明正大地一起出去吃饭、喝咖啡。我相信大家都不希望搞得草木皆兵，人人自危。

最关键的是要问自己：

● 我在和同事（包括上级、下属）交往的过程中是否按常规、常理行事？

● 我的行为是否经得住公众考验？

● 我的行为的出发点是否光明正大？

在这个事例中，一个男上司屡次约不同的女下属单独出去吃饭，而且被拒后将员工被解聘归结于没有领会领导的意思并听从领导的指示，的确很难让人不怀疑其动机和出发点，而当事人觉得不妥，冒着声名遭毁的危险去揭发这种行为。

我们不能不为小莉的勇敢行为点赞，也为新一代女性的觉醒和思想进步点赞。

在性骚扰案例里，受害人有时候不一定是被骚扰的当事人，因为有时候被骚扰的当事人可能没有意识到自己受到了侵犯。这时，可能是这种行为的目击者觉得这种行为十分令人反感。也正是因为旁观者的投诉和举报，让很多的性骚扰事件被公之于众。

同时，我们需要注意，受害人和侵犯者可能是任意性别，而且侵犯者也不一定是异性。在今天的商界，同性之间、女性对男性的骚扰也并不少见。

关于这一点，看过迈克尔·道格拉斯和黛米·摩尔在 1994 年主演的电影《叛逆性骚扰》的朋友可能印象深刻。

汤姆·桑德斯（迈克尔·道格拉斯饰）是西雅图一家科技公司制造部的经理，工作表现相当优秀。在公司改组时，他认为自己一定可以接任公司副总裁，谁知总裁鲍伯选择的却是梅丽迪丝·约翰逊（黛米·摩尔饰）。梅丽迪丝 10 年前还曾经与汤姆有过一段恋情。

梅丽迪丝接任不久，就约汤姆讨论工作，却在私人办公室中挑逗汤姆。正当汤姆神魂颠倒、旧情复燃时，猛然想起自己已是有妇之夫，于是拒绝了梅丽迪丝。翌日，梅丽迪丝向公司告发汤姆对她性骚扰。公司要求汤姆道歉，并打算把汤姆调到得州奥斯汀的分公司。奥斯汀分公司即将关闭，如此汤姆就拿不到股票期权与股息。作为一个男性，汤姆无论怎么争辩都没人相信。

汤姆找到专打性骚扰官司的律师凯瑟琳·亚维拉兹，凯瑟琳表示："性骚扰的关键是权力，而不是性别，所以女性也可能对男性进行性骚扰。"在法庭上，双方各执一词，针锋相对。最后，根据录音记录中汤姆拒绝了梅丽迪丝多达 31 次，法官判决他胜诉，洗刷了他的冤屈。

可以看出，在对性侵和骚扰的案件的处理中，判定企业是否有责任，一个非常重要的标准就是：谁拥有权力。因此，在处理高级别主管对下属的性骚扰事件时，企业要非常小心，务必保证企业的管理层理解并遵守相关政策。

有时，在性骚扰行为发生时，侵犯者或被侵犯者自以为自己表明了态度，但是事实上彼此却误解了对方。

我们再来看一个在越南发生的性骚扰事件。

某跨国企业两名被派往越南工作的员工，因为同在异乡，关系比较密切。其中男性员工是职位更高的管理人员。

从社交软件聊天记录来看，两个人经常（或者和其他同事一起）出去吃饭聚会。

一天，两个人和其他人一起出去吃晚饭，喝了一些酒。然后，两人乘坐同一辆车回家。第二天早上，女性员工向企业汇报，前一天晚上在回家的车上，男性员工对自己进行性骚扰，包括抚摸大腿，试图亲吻。

企业进行调查，男性员工承认和那位女性员工及其他人一起出去吃饭，吃完饭后送女性员工回家，但当时喝酒太多，自己不记得发生了什么事情，也许是因为酒后自己有些失态行为。

经过再三调查和讨论，企业最后决定劝退该男性员工，因为企业相信，一位级别更高的员工负有更多的责任来遵守企业的"无骚扰"政策。

一旦伤害发生，一家有高标准职业道德的企业是不会接受这类不当行为的。在过去的职业生涯中，我见过不乏副总裁及以上级别的员工因为类似问题而断送了自己的职业生涯。

酒精的影响，很多时候是导致一些性骚扰事件的直接原因。在酒精影响下，很多人可能不知道自己在做什么。更糟糕的是，有些人以酒喝多了为借口，做出一些性骚扰行为，特别是一些职位较高者。

我将这种危险模式称为：

权力 + 酒精 + 荷尔蒙 = 工作场所的潜在性骚扰催化剂

在很多国家，法律对性骚扰的赔偿要求没有上限。如果你想要知道在欧美运营的企业不很好地建立没有欺凌和骚扰的文化有何影响的话，就看看优步（全球最大的网约车公司）的故事。

2017 年，因为受性骚扰、性别歧视等丑闻困扰，多名优步高层管理人员被指涉嫌性骚扰和性别歧视丑闻被要求离开公司。创始人兼时任首席执行官特拉维斯备受投资人及外界的压力，特别是他处理员工投诉的方式被认为是纵容性骚扰和性别歧视现象。最后，特拉维斯及其他涉事高管在董事会及股东的压力下不得不离开公司。

2019 年，优步同意设立一项 440 万美元的基金，以解决性骚扰和性别歧视等问题。根据调查报告和建议，优步决定对其企业文化和工作环境做出彻底的改变，采取以下举措：

- 降低企业在酒精饮料方面的预算和限额。
- 制定严格和明确的工作场所的行为规范和指南。
- 建立清晰有效的指控和投诉处理流程和机制。
- 聘请哈佛商学院教授对企业全体管理人员进行工作场所行为规范的培训。

有时候，骚扰不仅表现在现实中的身体和语言方面。在互联网时代，各种利用网络社交平台和技术的骚扰行为越来越频繁。例如，在企业的邮件系统里发送色情照片，利用网络游戏进行骚扰，或者在社交媒体上发表不当评论等，都可能导致骚扰。

骚扰对受害人的负面影响很多，包括各种压力和精神伤害，如导致睡眠或饮食紊乱。

骚扰可能招致的惩罚与歧视行为类似，骚扰行为一旦被确立，根据对受害人的伤害和影响，法律规定的赔偿是没有上限的。

聪明的老板和管理人员一般不会允许这样的事情发生，因为这不仅会让企业惹上官司，而且会直接影响企业的士气，让员工觉得自己不被尊重。

当然，我们也提醒职场人士，当受到性骚扰时不要为维护人际关系而强忍、不做反抗，因为你可能在释放错误信息，导致加害者得寸进尺，进一步对你或其他人带来伤害。感觉受到性骚扰时，你应该立即表态，制止骚扰行为，释放正确信息，必要时向相关人员举报，这才是明智之举。

如果可能因此丢掉工作，请和家人、朋友及专业人士探讨如何保护自己的合法权益，避免身心受到伤害，必要时拿起法律武器保护自己。

在很多西方国家，如果企业对员工投诉的潜在骚扰行为不采取相关措施，或者打击报复投诉人，企业可能因纵容骚扰行为被告上法庭。前面提到的电影《北方国度》里的铁矿公司被法律制裁就是一个很好的例子，虽然性骚扰的实施主体是一些普通男性员工，但企业没有采取必要的措施制止和处理骚扰行为，所以受到惩处。企业和雇主对于欺凌和骚扰行为的纵容包括：

- 没有发布明确的政策制止和避免工作场所的欺凌和骚扰。

- 对关于骚扰或欺凌行为的投诉不进行调查、处理。

- 对投诉和汇报欺凌和骚扰行为的员工不实施足够的保护，甚至打击报复。

这样的做法无疑会给企业带来巨大的法律风险。

近几年，中国女性在反对性骚扰方面的意识逐渐加强，西方一些反对性骚扰的运动也随着社交媒体的发展被广泛传播，这也让大家加强了这方面的意识。

4. 出海企业在反骚扰上任重道远

出海企业在这方面更要特别注意，制定相应的反骚扰政策，对员工进行培训并确保政策的执行，对关于性骚扰、性别歧视及欺凌的投诉及时采取措施，并保护投诉人，绝不可以对投诉人打击报复。这样才能保护企业的声望并减少法律风险。

对于酒文化比较盛行的行业和企业，更要对这方面的潜在风险进行认真的审视。

当判断某行为是否属于性别歧视、性骚扰和欺凌时，让我们问自己一个重要的问题：

"我愿意让我的女儿、妹妹、妻子或者母亲在这种文化环境下工作吗？"

如果我们每个人都能回答这个问题，特别是企业高管，就会在"我该如何行事"这个问题上有非常清晰的答案。

从电影《北方国度》讲的故事中可以看到，不论是过去还是现在，对于性侵和性骚扰的受害者，社会上存在一种看不见的力量——人们不是指责和惩罚那些性侵和性骚扰行为的施加者，而是指责或歧视受害者，向受害者泼脏水，甚至受害者的家人和朋友也会加入这个行列。

企业有责任营造一个没有歧视和骚扰的企业环境和文化氛围：

● 制定完善的政策和制度，确保企业有明确的依据处理歧视、欺凌和骚扰行为。

● 领导者要以身作则，对自己和他人设定明确的期望与要求，培训管理人员和普通员工，让他们不要接受歧视、欺凌和骚扰行为。

● 培养员工的自我保护意识，对工作场所的不当行为说不。

● 保护投诉的员工不受报复，保护受害者及"吹哨人"是企业的责任。

● 对工作场所的不当行为必须严肃处理，不管员工业绩好坏，不管员工级别高低，不管员工对企业有多么重要。

企业必须营造这样一种文化——性侵和性骚扰的受害者是无可指责的，受害者或"吹哨人"必须得到保护，对受害者提出的指控必须彻查，作恶者必须承担责任。

第六章

贿赂与腐败、洗钱与假账，通往自我毁灭之路

喜欢足球或篮球的人都知道，球场上有些规则非常严格，一旦越线，整个比赛都会受到影响。足球的禁区和篮球的三秒区规则是所有球员必须牢记在心并严格遵守的。

然而，在竞技场之外的商业世界，人们有时候要么没有受过良好的训练，试图走捷径，要么明知有风险，被短期的回报诱惑，抱着侥幸心理越线，最后导致企业遭受巨大损失，甚至当事人身败名裂，招致牢狱之灾。

腐败、洗钱与做假账，就是企业应该极力规避的几个禁区。

第一节　商业贿赂与腐败

避免商业贿赂与腐败，是在美国上市的企业，及在美国有常设机构的企业和个人无法绕开的一个问题。

提到商业贿赂，有一个概念不得不提，即经商环境，经商环境受当地政府、当地法律及地方风俗文化的影响。而对腐败的容忍度，或者政府对腐败行为的容忍度、打击力度，对建立一个好的经商环境非常重要，甚至决定了一个国家的命运。

腐败是对人类的一大挑战，腐败污染人们的日常生活和社区，摧毁国家和社会事业机构。腐败引起公众愤怒，从而促使社会不稳定，激化社会矛盾和冲突。

腐败导致一些基本公共设施和服务得不到保障，让人们遭受痛苦。例如，贫穷家庭为得到教育和医疗服务，甚至为得到干净的饮用水而不得不遭受"被敲诈——支付回扣和贿赂"的痛苦。

从宏观角度来看，那些贪腐严重、制度不健全的国家和地区，往往是经济最不发达和民众最为痛苦的地方。

所谓制度健全，就是法律制度对违法及贪腐行为零容忍。在这一点上，不同国家在理念上有显著差别——西方发达国家的法律是以"出发点、意图和目的"作为依据来判断和决定惩罚的轻重，而许多国家是以"后果和损失"的轻重来作为判罚依据的。

一、不同国家如何处理商业腐败问题

我们从下面几个案例来看看不同的国家是如何处理商业腐败问题的。

2020年5月7日，新加坡一名客工（外籍劳工）被发现没按新冠肺炎防控要求戴好口罩。为避免被罚，他企图以50新元（约合250元人民币）贿赂公共运输保安指挥处的执法人员，结果不仅被开罚单，还被控告企图行贿。

按照新加坡防止贪污法令，任何人无论受贿还是行贿，若罪行被确认将面临高达10万新元的罚款或长达5年的监禁，或者两者兼施。

新加坡贪污调查局表示，行贿或受贿都是严重的违法行为，新加坡对任何类型的贪污都持零容忍态度。

新加坡是一个天然资源匮乏的国家，之所以能在短短几十年间从第三世界国家一跃成为发达国家，与清廉的政治环境和严格执法是分不开的。

在新加坡，任何欺诈与腐败行为，都可能受到严厉的法律制裁。在地理环境上，新加坡被全球腐败指数排名垫底的一些国家包围（缅甸、越南、菲律宾、印度尼西亚、泰国及马来西亚等），而已故前总理李光耀的远见卓识，花大力气进行反腐败制度建设、制定严明的法律，并实施高薪养廉，这一系列措施给新加坡的官僚体系打下了很好的廉政基础。

在新加坡，和政府官员打交道不需要请客送礼，政府官员也不敢拿自己的前途和命运开玩笑。经过短短几十年的努力，新加坡就从落后的第三世界国家进入发达国家的行列，清廉指数排名遥遥领先，其他很多亚洲国家只能望其项背。

与新加坡截然相反，东南亚其他一些国家则是另外一种景象：行贿、受贿普遍，腐败丛生——不少去过这些国家的读者对此一定有深刻的印象，收买、贿赂公职人员以获取便利是司空见惯的事情。即使在作为国家门面的海关入境柜台，海关官员也会明目张胆地索取额外费用。印度尼西亚雅加达为控制车流量，出台了单双号限行的规定。我去雅加达出差时，发现一些司机在单号日时把双号车牌的车开出来，也不管单双号限行的规定。碰到交警，他们将预先准备好的现金夹在驾照里递给交警，现金留下，驾照还回来，就没事了。

根据一些调查机构公布的 25 个对世界影响最大的腐败案件，除足联、西班牙和捷克的腐败案外，其他基本上来自发展中国家，甚至极度贫穷的国家——大多在东南亚、拉丁美洲、非洲和中东地区，而这些地区的民众正在经受着贫困的煎熬。

我们再来横向看看不同国家在腐败问题上的不同选择及由此产生的不同结果。

20 世纪 60—70 年代，美国也深受腐败困扰，企业腐败、商业贿赂导致美国在国际上臭名远扬。洪都拉斯总统因受贿被迫下台的"香蕉事件"，日本首相田中角荣因为涉嫌收受洛克希德公司

（下简称"洛克希德"）的贿赂而下台的案件，背后都有美国企业的影子。

1972年，美国总统尼克松被指控滥用竞选资金，用现金及国外银行结算系统转移和支付资金，雇人对民主党总部办公室进行监听。美国司法机构和政府部门对非法政治捐献、洗钱和非法监听活动展开调查，最终导致尼克松在1974年下台。

一时之间，人们对美国商业体系的信任尽失，民众也强烈地要求彻查美国商界与外国政府之间的暧昧关系。

在这一背景下，美国出台了《反海外腐败法》（FCPA），严惩美国企业的贿赂行为，即便贿赂行为不是发生在美国本土，只要行为人主体是美国公民或在美国注册的企业，都可能受到这一法案的限制。

这一法案的出台不仅没有削弱美国企业在国际上的竞争力，相反，因为规范了美国企业的经营活动，还大大加强了美国企业的核心竞争力，造就了一批高速发展的优秀企业及卓越的企业领导者。

正因为美国在反腐败方面有完善的立法和严格的执法，以及投资人有较强的维权意识，所以受到世界上很多国家的效仿。例如，英国的反腐败法比美国的还严格。

德国在1999年修改法律，此前德国法律实际上变相允许将行贿金额列为可抵税的支出。德国法律最终与1997年出台的《经合组织反商业贿赂公约》保持一致。此后，德国企业贿赂外国官员成为非法行为。也正是因为如此，后来的西门子全球行贿案被公之于众。

在下文里，我们具体看看这部《反海外腐败法》。走出国门的中国企业高管及员工如果能理解并将其作为行事标准，就会使企业在海外运营中避免相关的风险。

二、西门子商业行贿案

要了解《反海外腐败法》及其在推动廉洁、诚实的企业财务报告文化起到的积极作用，我们首先从一些全球知名的案例说起。这里我先简单介绍一个全球影响史无前例的案例：西门子全球行贿案。

10多年前，世界上最大的电气工程企业之一西门子涉及的一个巨大的腐败丑闻震惊了世界，行贿规模使其成为当时最大的腐败案例。

几年后，美国证券交易委员会（SEC）主任琳达·汤姆森将西门子的贿赂方式描述为：

"……西门子行贿案的规模和地理范围都前所未有，其向亚洲、非洲、欧洲、中东和美洲的政府官员行贿超过14亿美元。"

西门子，相信大家听说过这家德国企业，一家以技术和可靠服务而闻名全球的高科技企业。在腐败丑闻爆发之前，西门子的声誉非常好，常常以企业合规、企业社会责任的标杆企业的形象出现。其产品涵盖电信、电力、运输和医疗设备等领域，以产品质量高及服务可靠而闻名。西门子还经常在偏远地区开展活动，开发高质量的新产品并赢得竞争性投标。

2006年11月15日，德国警察突袭了慕尼黑的西门子总部及其子公司，全世界为之震惊。该公司的第一反应是声称自己无罪，并将腐败事件归咎于一小撮人的"犯罪行为"。

多年来，该公司一直标榜自己按照最高的道德和法律标准开展业务。早在20世纪90年代初，西门子就制定了企业反腐败规范，规定了复杂的行为准则和严格的业务准则。西门子甚至在1998年被选为国际反腐败组织德国分会的企业会员。

实际发生的事情则完全不同。从 20 世纪 90 年代开始，西门子就系统性地钻德国法律的空子，建立了一个全球腐败体系，以获取市场份额并提高产品价格。包括德国在内的许多国家和地区的法律体系存在巨大漏洞，使西门子得以逃脱监管和处罚。

调查发现，几十年来，贿赂已成为被西门子默认的商业行为。西门子的反腐败只是写在纸上的空洞口号而已。

西门子通过隐藏的银行账户、隐秘的中介机构和伪造的顾问合同在全球行贿。西门子的财务系统在计算项目成本时，员工会使用一个普通的税收术语，字面意思是"有用的支出"，但在企业内部员工都知道这是用于行贿的费用。按照德国法律，"有用的支出"还可以列为抵税支出。

情况在 1999 年发生了变化，德国修改法律以遵守 1997 年签订的《经合组织反商业贿赂公约》，这就使德国企业贿赂外国官员成为非法活动。

1999 年 2 月，在新法律通过当日，西门子最高层就如何对待和适应新法律展开讨论。2000 年 7 月，西门子发布通告，要求运营集团和区域公司确保与代理商、顾问、经纪人或其他第三方的所有合同中都包含新的反腐败条款。

2001 年，西门子再次发布规定：员工不得以金钱或其他形式直接或间接地向他人行贿和不当付款。但是，在经营中以行贿手段去竞争就像吸毒一样，西门子已经积重难返。

事情的转机发生在 2001 年，西门子在纽约证券交易所挂牌交易，由此受到了美国在 1977 年制定的《反海外腐败法》的约束。从 2003 年 11 月起，西门子也必须遵守新出台的《萨班斯—奥克斯利法案》（Sarbanes - Oxley Act，这个法案出台的背景就是安然、安达信和世通丑闻后美国收紧企业财务报告方面的合规要求），并且遵守道德守则，要求首席财务官和业务负责人采取负责任的态度进行合规管理并保持诚信。

2006 年 11 月，德国警方突然搜查西门子 30 多间办公室和多位高管私人住宅，揭开了西门子腐败案调查的序幕。由于西门子已在纽约证券交易所上市，美国证券交易委员会及司法部也开始介入对西门子的调查。

西门子承认，1999—2006 年，其利用空壳公司、伪造咨询合同和第三方代理等手段套取资金用于商业贿赂，从而获得订单。该公司动用了 13 亿欧元（按当时汇率约合 20.3 亿美元），在孟加拉国、越南、俄罗斯、墨西哥、希腊、挪威、伊拉克和尼日利亚等国向政府官员行贿，以获得订单。

2008 年，最终调查结果证实西门子违反了美国的《反海外腐败法》，其管理层多年来未对这些问题进行充分的调查或追踪。

正如西门子员工所说，西门子除消费品业务（如灯具）以外，几乎其他所有业务部门都涉嫌贿赂。

西门子为此向美国监管机构支付了 8 亿美元的罚金，也是美国司法部对违反《反海外腐败法》的企业开出的最大罚单之一（据报道，西门子向美国、德国等国家的监管机构缴纳的罚款及赔偿金总额超过 20 亿美元）。

该调查导致西门子 11 名前高管被提起诉讼并被要求赔偿，其中包括前董事长冯必乐（以赔偿西门子 750 万美元损失达成和解），以及前首席执行官克劳斯·柯菲德（以赔偿西门子 200 万美元达成和解）。

西门子此前的行贿手法也被其他企业模仿：利用空壳公司、虚假咨询合同套取资金，通过第三方代理支付以逃避监管，用于行贿，以获取订单。

西门子案的调查和处理过程，让全球认识到美国在反海外腐败方面执法的严厉程度，而其执法依据就是一部全面且严格的法案——《反海外腐败法》。

三、美国《反海外腐败法》

西门子腐败案让很多国家认识到，在惩罚跨国腐败和企业不当行为方面，不应只有美国独当一面。各国政府不应仅仅在口头上说腐败是坏事，还应该让民众看到腐败行为会受到严厉惩罚。

那么，这部让西门子遭受重罚的法案，到底是什么样的？

这部法案对中国的出海企业有什么影响？

企业不在美国注册，也不在美国上市，为什么还会有风险？

此法案管辖的主体和范围是什么？

了解一些关于此法案的基本知识将有助于我们更好地规避风险，保护企业和个人避免经济损失和潜在的法律风险。

1.《反海外腐败法》出台背景

《反海外腐败法》是以美国《1934 年证券交易法》中账目透明度的规定为基础制定的一部规范企业运作的法案。

美国在经历 20 世纪六七十年代的商业腐败和企业违规的阵痛之后发现，要保持企业的竞争力，必须规范企业的经营行为，创造公平的竞争环境。

商业腐败会扼杀企业的创新活力和改善产品及服务的动力。因政商勾结，企业的关注点将从创新和提升竞争力转移到市场准入和专卖等不正当竞争中。这将使企业甚至国家形象遭到破坏，从而导致产品、企业甚至整体经济失去竞争力，而腐败成本最终也会被转嫁给消费者和普通民众。

美国政府在 20 世纪 70 年代内外交困，迫于国内和国外的压力，出台了《反海外腐败法》，其初衷是规范美国企业的运作，保护投资者的信心。

2. 《反海外腐败法》的核心精神和基本规定

《反海外腐败法》的出台不仅对美国，甚至对全球的反腐败的制度建设都功不可没，使对商业腐败行为的调查和处理有了法律依据。其法律精神也很明确，不仅看涉事金额本身，而且注重动机。被指控者动机不良，即使造成的伤害不大，也要受到严惩。用古人的话来说，就是"勿以恶小而为之"。反过来，如果没有不良动机，只是无心之过，或者是在不知情的情况下犯的错误，在执法的时候往往会从轻处罚，给个人和企业纠错的机会。这就是我们常说的对和价值观相悖的行为零容忍，但另一方面"坦白从宽，抗拒从严"。

《反海外腐败法》是美国联邦法律（全国性法律），其主要条款有两个——反贿赂条款和会计账目条款。

《反海外腐败法》的反贿赂条款规定，美国的个人或美国公司通过向外国政府官员行贿来获得或保持业务，或使任何其他人获得业务，即非法行为。

美国《反海外腐败法》通常禁止出于获得协助或保留业务的目的向外国官员行贿。具体来说，《反海外腐败法》包含反贿赂规定：

> 禁止将金钱或有价物直接或间接地给予或承诺给予外国官员，以影响外国官员行使职权，诱使外国官员违反法律义务实施或怠于实施行为，或者谋取任何不正当利益，以便协助任何人获得或保留业务，或者协助将业务指定给任何人。禁止使用"邮件或州际贸易的任何手段或工具来促成提供、支付、承诺支付或授权支付任何金钱"或者"向任何人提供、礼赠、承诺给予或授权给予任何其他有价物品"，而有行贿意图。

简单来说，构成商业贿赂需要以下因素和环节：行贿人、行

101

贿动机、支付行为（包括承诺支付）、受贿人、获取商业利益。

3. 《反海外腐败法》对"海外政府官员"的定义

关于政府官员的定义，很多人有一些误解，认为只是指狭义的政府行政部门主管审批等工作的官员。其实，这个法案规定的政府官员的范围要广得多，包括：

- 政府官员（通常所指的政府行政部门工作人员）。
- 供职于政府拥有或管辖的医院或学校等公共事业单位以及国有企业机构的职员。
- 国际组织（例如，联合国、国际足联、奥组委等）的雇员也被认为是政府官员。

该法案规定以任何有价值之物（包括现金及非现金形式）贿赂政府官员均为非法。

同时，该法案关注的是贿赂的动机，而不是金额，也就是不管金额大小，一旦被认为有贿赂的意图，都可能遭到调查。

世界各国对《反海外腐败法》的精神都非常认同，最大的争议在于其管辖范围，它经常被指责为长臂执法。不管怎样，在该法未改变之前，企业还是要深入了解，遵守其要求，以在世界各地运作。

4. 《反海外腐败法》的受制主体

常常有人问：我不是美国公民，企业不是在美国注册的，也没有在美国上市，会受制于美国《反海外腐败法》吗？

要回答这个问题，首先要看该法案规定的两类法律主体：

- 与美国相关的企业和个人。
- 美国公民或居民。

按照该法案关于法律主体的定义，以下人员或实体可能受该法案管辖。

（1）美国企业，或在美国注册的企业，即使在美国本土没有业务。

（2）美国企业在海外的子企业。

（3）美国企业在海外的子企业如果在海外有合资伙伴或者使用代理，那么这个子企业也可能需要对其合资伙伴或代理的行为负责。

（4）在美国进行证券交易的海外企业，包括在美国证券市场进行普通股票和存托凭证（ADR）交易的企业，即使在美国本土没有业务，也受其管制。

（5）代表美国企业或个人行事的所有高管人员、董事、股东、雇员或代理商。

（6）任何促成国外腐败行为的美国公民、永久居民和其他具有美国国籍的人。

（7）对于国外的自然人和法人，如果其腐败行为发生时身在美国，则适用该法案。

5. 《反海外腐败法》对贿赂行为的认定

不同国家和地区的文化环境不同，人们对贿赂的理解也可能有很大的不同，了解各地法规关于贿赂的定义对规避风险非常重要。

美国的《反海外腐败法》规定：向国外官员、候选人或政党不正当"支付"，属于贿赂。

此外，如果向其他任何人支付，但最终形成对官员的贿赂，同样可能触犯此法。这类行为包括通过中介、代理的支付（俗称"白手套"），或者向影响决策的政府官员的亲属、朋友等支付。

贿赂的支付是指为影响公正的商业决定而提供或收受有价值的东西，可能被认定为贿赂形式的不仅包括货币，还包括有价物（非现金形式）。其包括，但不限于以下情形：

- 现金、股票、证券。
- 顾问费、过高的佣金、不合理的提成、报销，以及其他任何形式的回扣。
- 违规向政府官员的亲友提供的就业机会、向受贿人子女提供的奖学金，以及政治献金、慈善捐款等。
- 其他娱乐消费，如支付旅游费用、贵重的体育/娱乐活动入场券，还包括常见的性贿赂。

前文提过，该法更关注动机，而非金额大小，也就是说如果行为主体的动机是为获取业务支持和便利，而向政府官员输送现金、礼物、娱乐、门票等都可能被视为贿赂。

6. 典型案例

举几个适用美国《反海外腐败法》的典型案例，让大家能够更好地理解该法案不仅适用于美国企业，也适用于任何在美国注册的企业、组织、机构，或在美国进行证券交易的国外企业。

国际足联案

2015 年 5 月 27 日，7 名正准备参加第六十五届国际足联大会的国际足联官员在瑞士苏黎世的博安湖畔酒店（Baur au Lac）被捕，由于涉嫌收受 150 万美元的贿赂，被引渡到美国受审。

同时，美国司法部还突袭了位于迈阿密的中北美洲及加勒比海足球协会总部，逮捕了国际足联副主席杰克·华纳和行销主管亚历杭德罗·布尔扎科。同年 12 月，在博安湖畔酒店又发生了两次国际足联官员被捕事件。

该案触发澳大利亚、哥伦比亚、哥斯达黎加、德国和瑞士对高级官员展开单独的刑事调查。

美国司法部、联邦调查局和国税总局联合指控 9 名国际足联官员和 5 名赞助商企业代表涉嫌"敲诈、电信诈骗、非法洗钱、在美国逃税"。

调查主要聚焦于以下方面：

● 国际足联官员涉嫌利用欺诈和洗钱来操纵足球比赛的媒体转播和营销权，估计金额为 1.5 亿美元，其中 1.1 亿美元与将于2016 年在美国举行的美洲足球联赛有关。

● 纽约布鲁克林地区法院指控国际足联官员企图影响服装赞助合同（据称一家未具名的运动服装器材企业行贿至少 4000 万美元，以成为巴西国家队服装、鞋类及其他设备的唯一供应商）。

● 与争取 2010 年世界杯足球赛主办权和 2011 年国际足联主席竞选相关的贿赂行为。

早期调查发现，国际足联执委会官员查克·布拉泽在任中北美洲及加勒比海足球协会秘书长期间，涉嫌逃税、电汇欺诈和洗钱。查克在 2014 年认罪，成为国际足联官员受贿案的证人。

后来调查扩大到 2018 年和 2020 年足球世界杯举办权的争夺中。

在各国政府及球员、国际足联内部以及赞助商的压力下，国际足联主席塞普·布拉特、德国足球协会主席沃尔夫冈·尼尔斯巴赫和巴西足球协会主席何塞·马利亚·马林被迫辞职。

根据美国司法部资料，此案的被告在 2015 年 11 月认罪，并被没收超过 4000 万美元的财产：

● 美国新泽西州的体育营销企业国际足球营销公司（International Soccer Marketing Inc. ）的联合创始人兼所有者佐拉娜·达尼斯对涉嫌电汇欺诈共谋和虚假陈述纳税申报单认罪，被没收 200 万美元非法所得。

- 美国迈阿密体育营销企业媒体世界（Media World LLC）的高管法比奥·托尔丹承认电汇欺诈和逃税行为，被没收超过 60 万美元非法所得。

- 国际足联执行委员会委员，南美洲足球联合会副主席兼哥伦比亚足球协会主席路易斯·贝多亚承认犯有诈骗和电汇欺诈罪，被没收存入瑞士银行账户中的非法所得，以及其他非法所得。

- 阿根廷体育营销企业 TyC（Torneos y Competencias S. A.）的前总经理兼董事长亚历杭德罗·布乐萨科对诈骗、电汇欺诈和洗钱等罪名认罪，被没收超过 2160 万美元非法所得。

- 媒体世界及其母公司首席执行官罗杰·休格放弃申诉，对两项电汇欺诈罪和一项洗钱罪认罪，被没收超过 60 万美元非法所得。

- 国际足联前副主席兼执行委员会委员韦伯对三项电汇欺诈罪和三项洗钱罪认罪，被没收超过 670 万美元非法所得。

- 南美洲足球联合会副主席、智利足球协会主席塞尔吉奥·贾杜对两项指控认罪，被没收存入美国银行账户中的非法所得，以及其他非法所得。

- 瓦伦特集团（Valente Corp.）和萨默顿公司（Somerton Ltd.）的中介人何塞·马古利斯帮助促成体育营销主管和足球官员之间的非法付款，对欺诈、电汇欺诈罪和另两项洗钱罪认罪，被没收超过 920 万美元非法所得。

调查将国际足联的一系列丑闻公之于众，对肮脏的体育竞技场进行了清洗，让球迷、赞助商和廉洁的体育从业者拍手称快。

回到《反海外腐败法》的司法管辖权的问题，美国司法部门之所以能调查国际足联，是因为此案涉及的以下因素：

●国际足联是国际性组织，在美国拥有下属分支机构，符合"受美国法律管辖实体"的条件。

●涉嫌和国际足联存在腐败行为的足球世界杯赞助企业绝大多数在美国上市，或在美国有分公司或大量经营活动，都可被纳入该法的管辖范畴。

●涉案的一些国际足联官员是美国公民或永久居民。

●一些腐败行为发生在美国本土。

●很多洗钱和非法交易行为通过美国银行系统进行，因此受到美国司法监管（使用"邮件或州际贸易的任何手段或工具来促成提供、支付、承诺支付或授权支付任何金钱"）。

美国的《反海外腐败法》管辖的不只是非美国本土企业，对美国本土企业来说，这一法案是仅次于《反恐法案》的一个重要法案。根据该法案，很多美国大企业受到过非常严厉的惩罚，下面是几个著名的案例。

沃尔玛国际行贿丑闻

2003—2005 年，沃尔玛在墨西哥贿赂当地官员，以获取建筑许可，从而加速开店审批。

美国司法机构花了 7 年时间调查沃尔玛在墨西哥和其他国家涉嫌商业腐败的问题。

《纽约时报》在 2012 年 4 月 21 日报道，该事件始于墨西哥一位沃尔玛前法务人员的举报。

举报人员详细描述了沃尔玛在墨西哥通过行贿获得开店许可的过程。他还提供了涉案人员的姓名、行贿日期和行贿数额。据其描述，沃尔玛委托两名外部律师将装有现金的信封交给市长、市议员、城市规划负责人以及负责发放许可证的基层官员等。通过行贿，沃尔玛墨西哥分公司获得了城市规划部门的快速批准、环境影响费用的减免以及基层社区领导者的持续支持。

沃尔玛内部的调查组挖掘大范围行贿的证据，调查人员发现数百笔、合计总额超过 2400 万美元的可疑支出记录；而且发现多名高管（包括首席执行官、法律顾问）不仅知道这些支出、参与贿赂事件，而且做假账来规避风险，并向沃尔玛美国总部隐瞒此事。

然而，沃尔玛在内部调查中不断改变立场，内部调查组几次"接受"涉事高管提供的"没有贿赂"的调查结果，甚至中止进一步调查，涉事高管均未受到纪律处分。而且，墨西哥沃尔玛前首席执行官爱德华多·卡斯特罗·赖特，作为行贿的推动者，在 2008 年晋升为沃尔玛副董事长。

负责内部调查的人员一直受到公司高层的暗示，"家丑不可外扬"，并被指责过于激进。因此，美国和墨西哥的执法人员都没有收到相应信息。

在其后几年中，沃尔玛向墨西哥官员行贿的问题不断被《纽约时报》曝光，执法机构穷追不舍。这些对行贿的指控引发了大量的投资腐败诉讼案，并促使美国政府对沃尔玛在其他地区的国际业务展开调查。

美国证券交易委员会表示，这家全球最大的零售商允许其子公司雇用第三方中介机构向外国政府官员付款，却没有采取措施确保这些款项不被用作贿赂。美国证券交易委员指出此案的一些细节：

● 当沃尔玛得知腐败风险和相关指控时，并没有充分调查这些指控或试图解决问题。

● 美国证券交易委员会执法部指出："沃尔玛只重视国际增长和削减合规成本。该企业原本可以避免许多此类问题，但一直未能认真对待这些危险信号，并推迟采取适当的内部会计控制措施。"

● 惩罚和改进措施：沃尔玛同意支付超过 1.44 亿美元与证券交易委员会和解，并支付 1.38 亿美元作为司法部提出的刑事指控的罚款。

● 作为和解协议的一部分，该企业同意接受两年的独立监督，并向美国证券交易委员会报告其两年的反腐败合规计划。美国司法部同意，如果沃尔玛在接下来的三年里遵守协议，将不会被起诉。

受此事件影响，沃尔玛股价大幅下跌（股价下跌又招致无数股民的集体诉讼）。自调查开始之后，沃尔玛在各方面的支出已接近 5 亿美元，数名高管被解职。

沃尔玛为自己只注重增长而不顾一切狂奔的策略付出了巨大的代价。亡羊补牢，为时未晚。沃尔玛在美国政府开始调查后，就开始全面调整其内部合规控制系统。

沃尔玛首席执行官道格·麦克米伦说："我们已经改善了政策、程序和系统，并在全球范围内将大量资源投入企业商业伦理和合规方面，我们现在拥有强大的全球反腐败合规体系。"

沃尔玛在企业反腐败问题上的补救措施包括以下几点。

（1）在公司总部和市场层面任命反腐败合规负责人，设置全球道德与合规官、国际市场道德与合规官和全球反腐败官职位，以加强国际市场上的反腐败风险评估。

（2）加强对第三方中介机构的调查，规范合同要求和审核流程，并提供反腐败培训，以帮助第三方中介机构理解和应用这些标准。

（3）集中管理企业开店许可的审批程序，监督工作流程和实施保障措施（例如，批准要求和付款凭证）来降低错误或不当行为造成的风险，提高透明度，以保障各地子公司对公司的全球政策以及当地法规的遵守。

（4）加强全球反腐败培训，在员工中建立合规意识。仅在2019 年，完成线上合规培训的沃尔玛员工数量就超过 20 万人；由讲师指导的培训结业人数超过 1 万人；总共 1000 多家第三方机构参加了沃尔玛的反腐败培训。

沃尔玛在反腐和合规方面的努力为其争取到了监管机构的一些支持。

法律界人士最初曾预计沃尔玛此案的和解金额远高于最终的2.82 亿美元，但实际上调查、合规计划的实施和反腐败系统的加强，总成本超过 9 亿美元。

可以看出，反腐败和合规方面的失误会为企业带来巨大的损失，这是我们必须引以为戒的。

违反《反海外腐败法》关于反贿赂或会计方面的规定，给许多企业造成巨额的损失。美国执法机构根据该法调查和起诉的企业几乎涉及所有商业领域，这些企业在民事和刑事判决中均受到处罚，其中包括甲骨文（Oracle）、礼来（Eli Lilly）、辉瑞（Pfizer）和泰科（Tyco）。

由此可见，美国执法机构对美国企业在海外的商业腐败行为毫不手软。

此外，在美国注册成立的企业或在美国进行证券交易的国外企业也受此法案的管辖。

对于总部不在美国或者在美国上市的外国企业，有时候因为身在美国市场环境之外，对于监管和合规问题没有那么重视，尤其在一些发展中国家，腐败现象比较严重，周围的企业和竞争对手很多在做类似的事情，用美国法规来衡量远远达不到合规要求，由此陷入违法的泥淖。

百威英博行贿案

啤酒巨头百威英博因在美国之外涉嫌行贿而违反《反海外腐败法》而遭到调查就是一个典型的案例。

2016 年，美国证券交易委员会调查啤酒巨头百威英博（Anheuser‐Busch InBev）在印度的行贿案。调查发现，百威英博利用第三方人员向印度官员行贿，以促进销售和生产。糟糕的是，调查人员还发现该公司试图阻止前员工配合调查。

百威英博和前员工签订有条件的离职协议，限制离职员工与证券交易委员会合作或提供有关案件的信息，否则将受到财务方面的惩罚，以此达到让员工封口的目的。最后，百威英博承认违反美国《反海外腐败法》并同意支付 600 万美元罚款。

百威英博虽然是总部位于比利时的企业，但因为其股票在美国股票市场上市，因此受美国司法监管。

同样，国外的自然人和法人因违反《反海外腐败法》的腐败行为也将受到惩罚。

何某行贿案

据美国司法部披露，何某因涉嫌参与一宗持续多年、涉案金额达数百万美元的商业腐败案，于 2018 年 12 月在美国被捕。

2018 年 11 月 26 日，该案件在美国纽约南区联邦地区法院开审。就职于一家基金会的何某代表某能源企业向乍得总统、乌干达外交部和塞内加尔的官员行贿，涉及 290 万美元。根据指控，何某利用美国弗吉尼亚州的一家非政府组织，在给乍得总统的礼品盒中藏匿 200 万美元现金，企图行贿，从乍得政府获得宝贵的石油权益，但被对方拒收。

被乍得总统拒之门外后，何某后来又向乌干达外交部部长行贿 50 万美元，以换取与乌干达总统和其他政府高级官员会面，并要求他们帮助收购乌干达某银行，作为其向乌干达进一步投资的第一步。此外，何某还提出与乌干达外长和总统合作，明确表示二人将参与未来的利润分成。何某被指控 1 项串谋违反《反海外腐败法》、4 项违反《反海外腐败法》、1 项串谋洗钱和 2 项洗钱罪名，法院审理认定 8 项指控中有 7 项成立。

何某最终因国际行贿罪和洗钱罪被判处三年有期徒刑，罚款 40 万美元。

何某非美国公民或永久居民，有些不知道情况或不了解美国《反海外腐败法》的人可能认为这是美国长臂管辖的一个典型例子。其实，在这个案子里，虽然嫌疑人不是美国公民或者绿卡持有者，但法院最终认定美国司法部有权管辖，主要基于以下原因：

●何某多次在美国本土（并使用美国通信系统）讨论行贿事宜。

●虽然何某不属于美国公民或居民，但其就职的非营利机构在美国境内注册并有工作地址。这也是一个很重要的支持美国司法管辖的因素。

7. 《反海外腐败法》的适用主体

关于《反海外腐败法》的适用主体（代表美国企业或个人行事的所有高管人员、董事、股东、雇员或代理商），我在这里举一个美国法院驳回检察官起诉的案件，以帮助大家更好地理解该法适用于美国企业高管人员的问题。

这个典型的案例是法国阿尔斯通在美国的子公司通过雇用第

三方代理向印度尼西亚官员行贿，从而拿到1.18亿美元的能源合同。据调查，阿尔斯通法国副总裁劳伦斯·霍斯金斯主导此事。

美国司法部对霍斯金斯提起诉讼，最初陪审团认定霍斯金斯有11项罪名：6项违反《反海外腐败法》的罪名，1项共谋违反《反海外腐败法》的罪名，3项洗钱罪名和1项共谋洗钱罪名。

2019年年底，在第二巡回法院的庭审中，法官基于以下原因驳回了检察官的起诉：

- 霍斯金斯从没有踏足美国本土实施贿赂。

- 霍斯金斯不是美国公民或永久居民。

- 虽然涉嫌犯罪并且获得利益的是美国阿尔斯通电力公司（下简称"美国阿尔斯通"），但霍斯金斯不属于美国阿尔斯通的"代理或雇员"。美国阿尔斯通不能决定对他的"雇佣、工作表现评估或者工资增长"等，也就是说霍斯金斯和美国阿尔斯通没有直接或间接的雇佣关系。

基于此原因，美国第二巡回法院驳回了美国司法部对霍斯金斯的指控，尽管贿赂行为可能用了美国的邮件系统、美元结算及美国的银行系统来实施。

至于霍斯金斯是否在法国受到指控，则另当别论。

当然，美国阿尔斯通作为一家美国企业，没有逃脱司法部的指控和处罚，最终以7亿美元达成和解，以免去司法部的刑事指控。

此外，美国公司在海外的子公司如果在海外有合资伙伴或者使用代理，那么该公司也可能需要对其子公司的合资伙伴或代理的行为负责。

例如，奇基塔品牌国际企业（Chiquita Brands International），

在哥伦比亚的全资子公司涉嫌行贿,使其受到牵连。

1995 年和 1996 年,未经奇基塔美国总部同意,并且违反奇基塔的政策,奇基塔哥伦比亚分公司的首席行政官授权向当地官员支付相当于 3 万美元的款项,以取得业务。该款项未正确记录在分公司的账簿中,而其应该是奇基塔账簿内容的一部分。奇基塔在内部审计和调查后,终止与应对此事负责的哥伦比亚分公司员工的雇佣关系并加强了内部控制措施。

最终,美国证券交易委员会针对奇基塔提出指控,称其违反《反海外腐败法》对财务账簿、记录和内部控制的规定,命令其支付 10 万美元的民事罚款。

因为奇基塔自查自纠,所以司法部门没有对其行贿行为进行惩罚,但因为企业账务管理失控,违反企业账目的真实性、完整性和准确性条款而被处罚。

仔细分析美国《反海外腐败法》的立法基础,主要体现在以下方面:

(1)对于美国企业,因腐败和财务造假而破坏市场规则,被美国执法机关制裁是理所当然的。

(2)对于在美国上市或者在美国注册的企业(包括子企业和分支机构),因违反相应的反腐败和会计法规被制裁被认为是理所当然的。

(3)对于美国公民或者居民,涉嫌商业腐败或财务犯罪,由美国法律和司法部门制裁被认为是理所当然的。

(4)在美国本土实施的行贿、受贿行为,由于破坏了美国的商业环境,被美国法律和司法部门制裁被认为是理所当然的。

其实,美国《反海外腐败法》被诟病的最大原因在于,任何使用美国的通信或州际贸易等工具来促成支付、承诺支付或授权支付任何金钱及其他有价值的东西，都可能被认为是违反该法案。

这就意味着，除非贿赂行为没有通过美国的信息和资金流通系统（例如，电子通信工具、银行系统、交通运输系统、美元结算系统等）来进行，否则都可能受到美国司法系统的监管和惩罚；或者，除非按照上述提到的内容，被告可以证实自己不是《反海外腐败法》的管制适用对象。

《反海外腐败法》对于一些恶劣的商业行为有了更加系统、更加严格的监管，客观上对全球商业文明的发展起到了一定的推动作用。

毕竟不像审美和哲学领域，人们对美丑可能有不同的见解和标准，对于商业腐败和财务欺诈全球应该有统一的标准，不管是在发展中国家还是发达国家，是普通民众还是社会名流，都应对企业的不道德行为深恶痛绝。

事实上，世界上很多国家对此类问题有严格规定。例如，英国有更为严格的《反腐败法》，但因为没有强大的系统支持，受执法成本及其他因素限制，从而导致执行力度不足。

美国国内也一直在争论，就是过于严厉的《反海外腐败法》是否削弱了美国企业的竞争力和美国对投资者的吸引力。

8. 自查自报，让企业减免责任

美国《反海外腐败法》的精髓还在于自查自报。近年来，美国司法部做出很多努力，以提高企业自我举报的积极性。

企业如果能够建立问责制和披露制度，提高管理透明度，并且将其植根于企业文化，虽无法杜绝腐败行为的发生，却能在一定程度上免于深陷泥淖。

接下来，我给大家分享几个案例，分析走出国门的中国企业可以从中学习的经验。

多年前我参与了某跨国企业的调查，该企业发现有一笔邀请政府部门工作人员到美国总部考察的差旅费用，报销凭证只有一张旅行社的发票，没有写明费用明细，如飞机票、酒店及餐饮费。

财务部工作人员报告企业总部，企业总部马上警觉，组成了一个由法律部、安全部及内部审计人员组成的小组，对该事件进行调查。

最后调查发现，该行程包含当事人到拉斯维加斯旅行，而企业在拉斯维加斯并没有分支机构或业务活动。

企业调查后认为，这个考察行程安排违反了企业政策，于是立即对负责此次活动安排的人员进行了处理，解雇了对此负有领导责任的一位副总裁及其他人员。

想象一下，如果不是企业自查，而是被美国政府发现，该事件将可能给企业带来很大的麻烦。因为及时自查，而且对相关人员进行了严肃处理，所以此事基本上没有给企业造成恶劣的影响。

类似的例子还有 2012 年雅芳的"贿赂门"。据雅芳内部调查报告显示，有员工涉嫌贿赂政府工作人员以取得直销执照，具体贿赂形式包括向相关的政府工作人员提供游玩费用。因为企业主动调查，并处理了相关涉事人员，所以此事没有受到美国司法部惩罚。

我参与处理过的另外一个案子发生在越南，一家跨国企业委托公关经纪公司帮助其处理收购、并购事宜。该公关经纪公司涉嫌为越南官员家属支付在美国的留学费用。该跨国企业在内部彻底调查，负责越南业务的领导被认为负有责任，受到相应处罚。

需要指出的是，美国《反海外腐败法》涉及的腐败金额有时候并不是我们认为的大钱，而是所谓的小恩小惠。例如，2009 年，法国阿尔卡特－朗讯公司在请外国企业人员和地方官员考察北美工厂时，顺便安排了赴迪士尼乐园游览等项目，因此遭到调查。

美国《反海外腐败法》对贿赂的定义是：不管给予的是金钱，还是其他有价值的物品，如旅游及其他有价服务、娱乐门票、有价实物、有价艺术品等，只要出发点是为让收受方做出有利于企业的决策，就可能被认定为贿赂。

在这方面，一些商业道德标准高的国际大企业非常值得我们学习，它们从制定规范到培训员工都做到了极致。

让我印象深刻的是，20 世纪 90 年代，我和几位同事刚刚进入宝洁工作不久，其中一位同事被派到另一个城市去负责工厂的人力资源工作。我们部门的一位负责人去当地检查工作，邀请当地劳动部门的工作人员到工厂讨论一些事宜。工厂坐落于郊外，会议结束后，那位同事叫了一辆出租车，在劳动部门工作人员上车前，给了他一张钞票作为出租车费用。

部门负责人看到这一情况，告诉这位同事以后绝对不能给政府工作人员现金，哪怕没有其他意图。这种事情，让不知情的人看到，很可能招来麻烦。后来，部门负责人将此事作为员工培训案例，以明确企业在这方面的态度和标准。这也是《反海外腐败法》比较注重的"来自高层的态度和基调"。

另一个很好的例子就是美国证券交易委员会对摩根士丹利投资银行前房地产业务高管加斯·彼得森的指控，他被指控行贿上海永业前董事长。

加斯因行贿获刑达 5 年。除支付数十万美元的罚款外，他还被迫放弃一栋在上海的价值 340 万美元的房产。摩根士丹利证实，该员工此前曾经多次接受关于《反海外腐败法》的培训。对于行贿一事，企业完全不知情，对其所谓的为了业务而行贿的说辞并不认同。当企业在 2008 年发现加斯的违法行为后，立即将他解雇，并通报给了美国证券交易委员会。

事实是，加斯打着企业发展的大旗，为自己牟取暴利，利令智昏，最后锒铛入狱。而摩根士丹利作为一家企业，没有受到什么影响，其主要原因是：

- 企业有明确的规章制度。
- 企业对员工有相关培训。
- 企业发现问题及时自查。
- 查明情况后严格依规对违纪人员进行惩处。
- 建立防火墙——第三方支付代理形式。

我在国外被问得比较多的问题是："如果我们雇用第三方代理来处理政府关系会不会安全一点？"其实，在国外人生地不熟，聘请顾问企业跟当地政府打交道听起来是一个不错的主意。

一般来说，当企业进入一个新的市场时，当地的第三方代理可以提供与本地相关的专业知识、经验和良好的政商关系的优势，有时还能满足某些对外国企业与当地实体合作的司法管辖要求。例如，埃及规定，参与政府项目的投标者必须居住在埃及或通过当地代理进行投标。合法使用第三方代理，有助于企业在新市场稳定扩张，降低雇用和培训专职人员的长期成本等。

然而，如果想通过第三方代理来掩饰企业行贿行为，在监管严格的国家就是自欺欺人了。

在英国和美国，关于第三方付款和贿赂在法律中有严格的规定。

英国《反贿赂法》第 1 条和第 6 条明确禁止通过第三方行贿。第 7 条规定，企业应为其关联方的贿赂行为承担责任，关联方是指为企业或代表企业提供服务的人。

美国《反海外腐败法》明确禁止通过第三方机构或第三方企业行贿。贿赂由第三方支付的形式并不能消除企业实际的刑事或民事责任。

《反海外腐败法》明确规定，如果企业委托人知道第三方的不当行为，则企业或相关个人可能要对第三方的贿赂行为承担直接责任。在向第三方付款时，企业知道全部或部分款项将直接或间接被转给外国官员。其中"知道"包括有意识地无视或忽略和故意装作不知道两种情况。在这些情况下，企业也要对违反该法案的行为负责。由此可见，当问题出来的时候，企业的责任无法逃避。根据《反海外腐败法》进行的一些大型执法行动很多涉及第三方支付。例如，前面提到的西门子和沃尔玛在其他国家的贿赂案、洛克希德在日本和香港的贿赂案都有白手套（第三方代理）参与。

《反海外腐败法》明确规定，企业在通过第三方代理付款方面负有监管责任。

对于那些希望守法合规的企业，在请第三方代理的时候，要确保企业账目的真实性，监督第三方代理商业行为的合法性，为避免不必要的麻烦，务必警惕下述情况：

● 第三方代理或顾问的佣金明显高出合理范围。这种情况很可能将行贿成本计算在内。报价方面，企业要尽量拿到每项支出的成本预算。

● 第三方分销商不合理地大幅打折。通常这种情况会被认为鼓励或默许分销商采取不正当的方式销售，特别是与政府相关的项目。

● 第三方咨询协议中的服务描述模糊，如"其他顾问费"等名目，而没有详细的项目描述。

● 第三方代理的主营业务与企业需要的服务不匹配。

● 警惕与外国官员有关系或关系密切的第三方企业，付款给这样的第三方很可能被认为与不正当付款（涉嫌行贿）有关。另外，如果有关官员因为各种原因被调查，将可能牵扯到企业。

● 应外国官员明确要求或坚持要求参加交易的第三方，或者仅是在境外司法管辖区注册的空壳企业。

● 请求向离岸银行账户付款的第三方。这很可能会将企业牵扯进腐败或洗钱案件中。

另外，企业在与第三方代理的合同里务必注明，要求代理/顾问遵守《反海外腐败法》的条款，确保企业从法律角度保护自己的安全。

我们要切记，一旦陷入行贿指控，企业就有责任确保第三方代理行为的合法，因此不要抱有借助第三方付款可以降低违法风险的幻想。有时候，即使企业没有明确的行贿意图，缺少监督和控制的第三方代理也可能给企业带来巨大的风险。

此外，贿赂有时候不一定是针对特定个人的行为。有时候，我们常说的企业"小金库"、政府人员的集体不合规行为等也可能被视为贿赂。

2012 年，我刚调至新加坡工作，负责宝洁亚太区的人力资源管理工作。因为工作需要，我去泰国出差。泰国劳工部规定，参加商务会议可以落地办理签证。我下飞机后匆匆忙忙地往海关出口赶去。到了海关落地签证出口处，发现等待办落地签证的人排着长龙，看来没有一小时是出不去了。

我想着怎么尽快通关，以便赶上安排好的会议。这时，我发现旁边有一个快速签证窗口，没有太多人排队，5 ~ 10 分钟就能通关。于是，我移步到快速签证窗口，缴纳了 1200 泰铢的签证费，匆匆忙忙签署了相关的文件。我在这里享受 VIP 待遇，不用排长队，其高效让人难以置信，不到 5 分钟就出了关。

出差回来后，我整理相关的报销票据，发现泰国海关给我的签证费收据只有 200 泰铢（大约相当于 40 元人民币）。于是，按照企业关于未能取得票据的报销规定，我将另外的 1000 泰铢（大约相当于人民币 200 元）按照未取得票据进行报销。

几天后，财务总监找到我，向我核实签证费的情况。于是，我向他解释了事情的经过，认为签证官写错了发票金额。

财务总监负责东南亚地区业务很久，经常到泰国出差，对快速签证事宜很熟悉。他问我："你知道你办落地签证交钱时签署的文件是什么吗？"我说："因为是泰文，所以我不太清楚，应该是一份正常的海关移民署文件吧。""不，这是一份声明你只交了 200 泰铢的文件。"我恍然大悟，原来这就是我取得 200 泰铢而不是 1200 泰铢的票据的原因。快速签证通道看起来是公开的、官方安排的，不知道泰国机场的海关官员为什么公然这样做。也许，这就是我们常说的"小金库"吧？或许，这是改善海关员工福利的潜规则，也可能是出于集体决定、法不责众的文化心理。

这类开销对企业来说很难界定是合法费用还是贿赂，虽然好处费在有些国家不属于违法范畴，但最终宝洁还是决定不报销这个费用，因为这可能给企业带来不必要的麻烦。

财务总监对我讲了在东南亚曾经发生的另一件真实的事情。

20 世纪 90 年代末，宝洁在印度尼西亚的业务蒸蒸日上，销售量不断增长，导致原材料供应严重不足。工厂的生产计划主管向上级请求尽快进口一批原材料，否则工厂可能停工，产品供应不足，将直接影响到客户关系，甚至被竞争对手趁机抢走市场份额。

一时之间，公司上下紧急动员，原材料采购部立即下单购买短缺的原材料，物流部门安排空运。令人欣慰的是，在和供应商通力合作下，原材料的供应迅速增加，大家终于松了一口气。

原材料很快到达印度尼西亚，停留在海关仓库，等待清关入厂。就在这时，突然节外生枝，相关人员在与海关官员沟通的过程中发现，原材料很难按时通关，满足生产需求。

于是，整个公司又陷入"紧急救火"的状态。这时，某位海关官员暗示，只要公司愿意付一些"加班费"，将帮助尽快清关，以满足生产需求。前提是，这笔"加班费"不能拿上台面，海关不会提供任何的合法票据。公司领导经过反复讨论，最后一致决定不支付这笔额外的费用。

因为这一决定，公司停产几个星期，粗略估计损失了数百万美元。即使这样，这一决定还是得到公司最高领导的支持和赞许。这一事例后来成为公司"商业行为与道德"的培训案例。

2014 年，我负责宝洁在东盟国家的业务。当时，印度尼西亚海关效率低下，每次出关都很费时，于是印度尼西亚分公司雇了一家服务企业负责海关"VIP 访客服务"。旅行人员到达印度尼西亚机场时，不经过海关官员审查，只需将护照交给代理，便可以经过无须查验的通道直接过关。过关后，代理归还盖过章的护照，旅行人员全程不用面对海关官员。

公司高层注意到这个情况后，问了当地团队几个问题：

● 该代理能提供正式发票吗？答案是"可以"。

● 我们将其与市场上的此类服务代理企业对比过吗？答案是"市场上没有其他企业提供类似服务"。

● 这样的服务合法吗？答案是"不确定"。

经过充分讨论和评估，我们决定终止使用该项服务，重新采用不方便的过关方法。

一方面，有些国家不透明的运作方式让人咋舌；另一方面，高标准的国际跨国企业在这个方面近乎苛刻的标准让人肃然起敬。

罗马不是一日建成的，企业的高标准也是逐渐形成的。因为违法成本实在太高，所以我们才看到大跨国企业都非常小心谨慎，不惜一切代价"用正确的方式做正确的事"。

最后，值得一提的是，在法律面前千万不要抱着侥幸心理。

美国在 2010 年出台了《多德—弗兰克法案》，大大加强了《反海外腐败法》的执行力度。这个法案给反腐败调查增加了一项奖励计划，即对举报者的保护和奖励，举报者可以要求政府将所收和解金的 10%～30% 作为奖励。这项法规还提供了强大的保护措施，以防止举报者受到报复。这一法规的推出，大大降低了反腐败的执法成本，提升了执法力度。

这就意味着，一旦发生恶意违规，你永远不知道炸弹会在什么时间、什么地点、什么人身上引爆。炸弹可能是知情员工、政府官员、第三方代理等，他们都可能给企业带来巨大的隐患。

"反腐败"对走出国门的中国企业是一个非常大的挑战，特别是欧美发达国家，大多规则明确，执法严格，讲究的是"普遍"而不是"特殊"。这些国家较少出现特事特办这种情况，强调规则面前人人平等，一旦违法，后果严重。

这是中国企业特别需要重视的方面，特别是那些有欧美身份、在欧美注册或上市的企业，以及在欧美进行商务谈判，都要特别注意。

让我们谨记以下信条：

- 狂奔的时候不忘看路，不要被利润蒙蔽，不要为赚钱而丧失道德和尊严。
- 不要在压力面前丢失自己的初心。
- 不要在诱惑面前踏上歧途。
- 不要以"大家都这么做"为理由放任自己做不正确的事情。

让我们共同营造一个健康、透明、公平、充满人性和尊重的商业环境。

让我们为维护民族品牌的信誉，为中国企业挺直腰杆走出国门，长期不懈地努力，向商业腐败行为说不。

第二节　反洗钱——跨境支付需要防范的风险

在信用卡、支票及银行转账还没有被广泛使用时，很多地方仍然存在大量的大额现金交易，关于洗钱的法律定义与规定尚未健全，人们对洗钱的概念尚未有准确的认识，更不用说防范了。

什么是洗钱？洗钱是个人或组织掩盖、隐瞒所得来源和性质，使其非法所得在性质上合法化的行为。反洗钱法律针对的犯罪活动包括市场操纵、非法物品贸易、公共资金腐败和逃税，以及用于掩盖这些犯罪及其所得金钱的行为。

那么，若行为被认定为洗钱将会对企业产生什么样的影响？让我们看看近几年在国际上发生的案例——丹斯克银行洗钱丑闻。

丹斯克银行（Danske Bank）是丹麦国有银行，也是北欧最大的银行。

2018年2月，银行理财经理向我介绍的最具升值潜力的股票之一就是丹斯克银行的股票，我从那时开始关注丹斯克银行的业务。

丹斯克银行有140多年的历史，是丹麦也是北欧地区最大的银行，拥有500万个以上的零售客户。

在我关注该银行两个月以后，媒体传出其涉嫌洗钱的丑闻。丹麦、爱沙尼亚、法国和英国有关部门的调查显示，丹斯克银行爱沙尼亚分行的工作人员自2005年至2017年涉嫌洗钱2200亿欧元。

哥伦比亚广播公司在 2019 年 5 月 19 日报道，丹斯克银行曾经向多位俄罗斯富豪提供金条，以帮助他们隐藏财富。数十亿欧元的可疑资金从一些空壳机构流向银行，许多空壳机构来自知名的腐败高风险地区，如俄罗斯和其他前苏联国家。调查显示，丹斯克银行爱沙尼亚分行将客户数百亿美元的资金转移至离岸账户，使客户可以将资金转换为金条和美元，从而将与腐败和黑社会组织相关的资金"洗白"。

事情发生后，丹斯克银行被爱沙尼亚当局驱逐。有关机构进一步调查发现，德意志银行和瑞典银行也可能牵涉其中。

2019 年，丹斯克银行爱沙尼亚分行前负责人自杀身亡；而丹斯克银行前首席执行官托马斯·博尔根，在案发期间主管国际业务，面临 4 亿美元的诉讼赔偿和罚款。

丑闻发生后，丹斯克银行的股价应声而落，仅仅一年时间，其股价市值下跌 65%。对这一洗钱丑闻的调查还在进行中，业界估计丹斯克银行还得向丹麦、欧盟和美国的监管机构缴纳数十亿美元的罚款。

为高额利润和业绩增长而无视法律，一路狂奔，丹斯克银行及其一众高管为此付出了惨重的代价。

还有一些类似的事件。2014 年 6 月，法国巴黎银行因为帮助美国制裁的国家（古巴、伊朗和苏丹）伪造商业记录，转移资金，触犯美国法律而支付了 89.7 亿美元罚款。除罚款外，法国巴黎银行的 13 名高管被革职；自 2015 年起，该银行被禁止通过纽约和美国其他分支机构做美元结算业务一年。

2012 年 12 月，汇丰银行因为涉嫌在墨西哥为毒贩洗钱，为违反伊朗禁运条例的企业提供银行服务，不得不支付 19 亿美元罚款来了结美国的洗钱指控。

以上的案例主体主要是银行，帮助客户洗钱，掩盖犯罪所得，包括不加控制地用一些隐秘的方法帮助客户存转资金来掩盖非法所得（例如，通过贩毒、非法物品贸易及腐败、逃税等获得的钱款）。

值得一提的是，涉嫌洗钱的高风险群体远远不只是银行业，企业和个人稍有不慎也很容易在这方面踩雷。

近年来，各大银行加大了对可能涉嫌洗钱的银行账户之间的资金往来的管控力度。例如，有一位朋友在新加坡开的账户，因和欧美不同国家的账户有资金往来而被认为涉嫌洗钱，因为银行联系不到他本人，所以直接将其账户冻结，导致工资无法发放。在他解释清楚这些往来明细后，账户才被解冻。

另一位朋友在越南渣打银行和他人有私人资金往来，两个月后收到银行的电子邮件，咨询和审核该笔资金的来源及其与付款人的关系，直到查证到该笔资金的合法来源。

那么"老鼠搬家式"的现金存款会不会方便一点呢？

有很多国家对将大笔现金存入银行也有非常严格的审查，以防止洗钱行为。

以美国为例，如果存入1万美元或更多的现金，则必须向银行或金融机构提交一份报告。必须注意的是，如果每次存入的金额低于1万美元，但分多次存入总额超过1万美元的现金，也必须如实报告，否则很可能受到检控。

2011—2012年，一名中国男子在美国分50次在自己及妻子的4个不同的银行账户存入总计46.4万美元的现金，每次存入现金为9000～9800美元。2017年，美国检方判定该男子故意逃避现金存款申报。检方称，该男子的存钱方式被认定为结构性拆分行为，是有意避开交易报告的要求。根据联邦法律规定，借用第三方账户或在多家金融机构，通过多次存入单笔少于1万美元从而规避申报的行为，属于犯罪行为。最后，该男子与检方达成和解，同意冻结他在康涅狄格州拆分存入银行的 17.6 万美元现金，同时补缴税款、罚款和利息 11.3 万美元。

这个案例提醒我们，在出国旅行的时候，在携带现金方面一定要了解各国海关的具体规定。携带大额现金过境而不申报，在很多国家都属于违法行为。其惩罚轻则被没收现金，重则遭受牢狱之灾。

对于企业来说，特别是在海外运作的企业，需要特别注意，远离"洗钱"这一麻烦，避免被冻结银行账户，导致企业无法收款、付款甚至无法进行融资，影响正常业务运作。

我们需要注意以下几点：

●为所有产品和服务付款与汇款必须以符合标准的、合法的途径和方法来进行，除非没有安全的银行系统支持支付，否则不要用大额现金收款、付款。

●除非获得专业的法律和财务人员确认，否则不要接受第三方付款的要求——不要接受客户/供应商的请求，向与企业没有业务往来的第三方收款、付款。

●不要与没有合法执照的机构或个人进行外汇换汇交易。

●房地产开发企业、销售房地产的中介机构等需要特别注意，对于客户的付款请求，除小额定金外，务必通过银行进行。

●从事贵金属（黄金等）及其他贵重物品（玉石、钻石等）交易的企业，对于现货交易及现金交易需要格外小心。

●尽量不要将自己的身份证件借给他人开户或进行资金往来；也尽量不要将自己的银行账户借给他人用作资金进出。

随着各国对市场操纵、非法物品贸易、公共资金腐败、贿赂和逃税的打击日趋严厉，洗钱这个曾经看似与我们无关的概念，已经离我们越来越近了。

第三节　财务记录的真实性和准确性

贿赂、洗钱和其他违法行为通常需要通过假账来掩饰。前文提到《反海外腐败法》的另一个核心就是真实、准确和完整的财务记录。

行贿和做假账常常是孪生姊妹。企业做假账套出资金行贿，以及像沃尔玛那样用第三方中间人支付所谓"顾问费"，就是很典型的例子。

虽然做假账未必是为了行贿，但要行贿必定做假账。因此，《反海外腐败法》既包括反贿赂条款，还包括财会账目条款的内容；而在执行方面，绝大部分案子主要由美国证券交易委员会和司法部牵头调查，同时调动美国联邦调查局、国土安全局、美国国税局刑事侦查处等多部门联合执法。

根据《反海外腐败法》，美国司法机构对于做假账与贿赂行为一样严格查处。

虽然外界对美国长臂执法的诟病不少，但这部《反海外腐败法》客观上对规范投资市场、保护投资者利益确实功不可没，为美国成为全球经济霸主奠定了坚实的基础，成为很多国家效仿的榜样。

除美元投资的高安全性和高流通性之外，这部法案可以说是另外一个直接帮助美国股票交易市场成为全球炙手可热的投资天堂的重要因素。

美国股票市场的规模吸引着全球数万亿美元的投资。据 Statista 统计，截至 2021 年 10 月，美国纽约证券交易所和纳斯达克的市值总和达近 52.31 万亿美元，大约相当于紧随其后的 11 家交易所的市值的总和。

因为严密的监管和严格的执法，让投资者对投资美国股票的资金安全的信心倍增，而世界各国投资者对美国股票市场的信心又吸引企业来美国上市募集资金，这样就形成了良性循环。

对于在美国股票市场发行股票的企业，《反海外腐败法》规定发行人（上市企业）要制作和保存账簿、记录和账目；账簿、记录和账目在合理细节上准确、真实、公平地反映交易和资产的处置情况；设计企业内部的会计控制系统，确保不进行未经授权的付款，并且发行人根据可以普遍接受的会计原则编制财务报表。

美国证券交易委员会对做假账的监管和惩处，基本上有以下几种情况。

（1）涉及贿赂而做假账，这种情况通常会招致刑事犯罪指控。此种情况的假账通常是通过以下几种形式：

● 通过第三方代理进行腐败活动（前面提到的西门子、阿尔斯通等企业的贿赂活动属于这种情况）。

● 通过签署服务合同，由企业直接向政府所属官员及其亲属或政府所属企业的员工支付可能属于贿赂的钱款。

● 通过签署虚假合同，从企业套取现金，用以贿赂。

（2）企业高层管理人员为提升业绩或股价，做出虚假的财务报告，从中获利。

世通、安然等企业就属于这种情况。一旦指控属实，企业高管不仅可能面对民事指控，要赔偿投资者的损失，而且很可能还会面临内幕交易、合谋欺诈等刑事指控，而涉事企业高管（如首席执行官、财务负责人）等可能会面临罚款和监禁。

（3）企业财务人员专业能力欠缺或者失误，导致财务报告出现问题。

这种情况通常可能招致一些民事诉讼及监管机构的小额罚款，上市企业也可能面临投资者的集体诉讼。对于非故意行为，监管机构在处罚方面往往轻很多，如奇基塔在哥伦比亚的财务记录问题。

谈到美国对财务会计报告和做假账的监管，我们不得不提美国的一个非常重要的法案——《萨班斯—奥克斯利法案》。

一、美国《萨班斯—奥克斯利法案》的出台及相关规定

2002 年的世通、安然和安德信等企业的一系列财务欺诈案，让投资者损失惨重，动摇了投资者对美国股市的信心。在这一背景下，由参议员保罗·萨班斯和众议员迈克尔·奥克斯利牵头推出了一部联邦法律《萨班斯—奥克斯利法案》，也被称为《上市企业会计改革和投资者保护法案》或《企业和审计问责制、责任和透明度法案》，为上市企业建立了全面的审计和财务方面的规范，以保护股东、员工和公众免受财务错误和欺诈性财务行为的损害。

《萨班斯—奥克斯利法案》关于上市企业的会计制度有非常严格和具体的规定，由于篇幅的原因，在这里就不进行深入具体的专业讨论了，只是针对企业高管、财务专业人员及其他对企业业务及财务数据负有相关责任的人员，强调几个非常重要的关键点。

1. 明确财务信息披露的相关制度和程序，以及相关负责人员的个人责任

该法案要求企业负主要责任的高管人员和财务人员在签署季报和年报前亲自验证财务信息的准确性和可靠性。不实的财务报告可能使企业高管面对民事或刑事惩罚。

2. 建立"外部审计师问责制度"，坚持独立性标准，以防止利益冲突

该法案规定，审计企业不能为同一客户同时提供审计和非审计服务（如咨询），明确了关于新的审计服务咨询的批准要求，以及审计师的轮换和审计报告要求，以降低利益冲突的可能性，同时明确了对审计机构的问责制度。

新法案解决了审计咨询机构出于对企业其他类咨询业务的顾虑而对会计报告的审计质量做出妥协的难题。问责制度对审计机构构成强有力的约束，审计机构在审计过程中出现重大失职或欺诈行为将招致非常严厉的制裁。

3. 明确和提高对企业和相关责任人的欺诈行为的刑事责任及处罚力度

该法案明确了对操纵、破坏或更改财务记录或其他干扰调查的具体行为的刑事处罚，同时为举报人提供必要的保护；增加了对白领犯罪和合谋欺诈更为严格的量刑处罚规定；将企业欺诈和篡改记录确定为刑事犯罪；明确了具体处罚及量刑准则，并加大了处罚力度。

该法案使美国证券交易委员会能够暂时冻结被视为大额或异常的交易。

在过去，中国股票市场和美国股票市场的不同有点像中美两国的大学体系的差别——中国是严进宽出，而美国是宽进严出。什么意思呢？中国企业上市非常困难，通常需要通过几年的审查，加上一些门槛比较高的要求，例如，连续几年的盈利能力达到一定数值等。但是，一旦上市，企业面对的财务报告和审计方面的要求及追责相对没有那么严格，对于企业和企业高管在企业财务

记录和信息披露方面的违法犯罪行为的查处没有那么让人望而却步，因此退市的公司更是寥寥无几。

因此，一些人认为企业在美国股票市场容易上市，而美国一直存在对在美国上市的中国企业提供的数据的质疑，给守法经营的企业融资带来困难。

二、相关案例

通过了解以下案例，也许能够帮助我们更好地理解在国际市场违反财务记录，进行财务欺诈及涉嫌操纵股票市场可能产生的后果。

2010 年，在纳斯达克上市的中国企业绿诺科技被做空机构浑水公司指控财务欺诈。根据调查，浑水公司发现绿诺科技上报给中国税务部门的 2009 年财务数据和在美国公布的差别巨大，存在财务造假行为。

浑水公司在报告中称，绿诺科技公布的 2009 年 1.93 亿美元的销售收入实际只有 1500 万美元，而且管理层挪用了数千万美元的公款，其中包括花费 320 万美元在美国加州购买豪华房产。

浑水公司还质疑绿诺科技编造虚假合同，夸大客户量，称其访问过的绿诺科技公开披露的 9 家客户中，有 5 家否认购买了绿诺科技的产品，其中包括宝钢、莱钢、重钢、粤裕丰钢等。

美国证券交易委员会调查报告声明：绿诺科技保留了两组相互矛盾的财务记录——将两套不同的账簿分别在中国和美国提交。

从 2008 年第一季度到 2010 年第三季度，绿诺科技在中国提交的账面销售额约为 3100 万美元。但是，它提交给美国证券交易委员会的财务报告中包含虚假合同，同一时期的销售收入记录约 4.91 亿美元，超出中方财务记录销售收入的 14 倍。

在被美国证券交易委员会指控证券欺诈之后，绿诺科技的股价遭受严重打击。消息出来后，几天时间内，绿诺科技的股价从被质疑时的每股 15 美元一路暴跌至 2010 年 4 月 11 日的 3 美元，跌幅达 80%，4 月 27 日在场外交易市场继续狂跌，跌到每股 0.93 美元，让投资者血本无归。最终，绿诺科技于 2011 年年底被纳斯达克强制退市。

美国证券交易委员会发起民事诉讼指控绿诺科技的首席执行官和董事会主席挪用 350 万美元的企业资金购买了位于加州的房产，而没有向投资者披露。同时，在外部审计师的询问下，绿诺科技提供了相互矛盾的虚假信息。美国证券交易委员会还披露绿诺科技将个人购买的汽车、名牌服装和首饰纳入企业支出而不是将其记录为个人支出，也没有在公开的财务文件中披露。

这对高管夫妇最后同意分别支付 15 万和 10 万美元的罚款，并将 350 万美元用于相关的集体诉讼和解来应对证券交易委员会的指控。同时，他们在十年内被禁止在美国任何公开交易的企业担任高管人员及董事。

美国证券交易委员会对绿诺科技进行调查的主要法律依据就是《反海外腐败法》。

三、动用民间力量追责，让财务造假无处遁形

美国金融市场的做空机制客观上为民间调查机构提供了调查企业财务及经营问题，从而有利可图的机会。

瑞幸咖啡的财务欺诈事件让浑水公司在中国声名大噪。

浑水研究（Muddy Waters Research），简称"浑水公司"，是一家业务涉及尽职调查的私人投资企业，由卡森·布洛克创建。布洛克在成立浑水公司之前在中国工作和生活过，深谙一小部分中国企业在商业操守方面存在的问题。

浑水公司注意到在美国市场中的一些中国企业存在业务欺诈

行为，这种欺诈行为也损害了在美合法上市的中国企业，因为这种不良行为吓到了投资者，让他们对中国企业避而远之。

浑水公司负责人表示："我们希望曝光那些坏企业，让美国市场成为那些好的中国企业受欢迎的成长伙伴。"

说句题外话，这并不表明浑水公司是一家慈善机构。事实上，浑水公司正是通过做空那些存在财务欺诈和其他不合规行为的企业，在资本市场上获取巨大收益的。虽然如此，浑水公司这样的做空企业的存在，客观上起到了净化市场环境的作用。

浑水公司成立之初，卡森·布洛克主要针对中概股发布调查报告，在 2010 年成功"猎杀"数家中国企业，在资本市场声名大噪。

浑水公司最出名的是发现在加拿大上市的中国企业嘉汉林业存在欺诈行为。

据加拿大法院披露，嘉汉林业实际控制人陈某并没有将投资用在企业的合法业务上，而是将数亿美元投入虚构或被高估的业务中。在这些业务中，他涉嫌和未公开的关联方进行交易，并将资金转移给自己秘密控制的实体。

经过数年调查，2018 年，加拿大安大略省高等法院做出裁定，企业实际控制人陈某涉嫌欺诈，存在违反信托职责和疏忽大意的过失，最终被裁定赔偿 26.3 亿美元，同时还被判处 500 万美元的罚款。嘉汉林业的股价在 2012 年 3 月申请破产保护之前下跌了 74%。

该案造成的经济损失和信誉损失远远超过绿诺科技案，中概股也因此遭美国大规模调查。自 2010 年以来，中国多家在美上市企业，包括东方纸业、多元环球水务和中国高速传媒等都因财务造假股价大跌，最后被交易所停牌或摘牌。

除美国和加拿大股票交易市场外，在香港上市的辉山乳业也遭到浑水公司调查。2017 年，浑水公司通过调查发现辉山乳业的现金及现金等价物与经银行确认的金额出现约 24 亿元人民币的差值。辉山乳业最终因财务造假、资金链断裂被强制退市。

在瑞幸咖啡的财务造假事件暴露之后，美国证券交易委员会负责人再次提出并批评在纽约证券交易所上市的中国企业缺乏透明度。

中国企业在海外的信誉受到的损失无法用金钱来衡量，这种信任裂痕需要长期不懈的努力才有可能得到修复，而这也将给那些诚实经营的企业融资带来更大的困难。

工业革命不是技术革命的结果，而是金融革命的结果，没有资本追捧的发明和创新，只能是儿童玩具箱里的新鲜小玩意，无法发挥其价值。

截至 2019 年年底，被美国三大交易所摘牌的中概股共达 107 只，中概股摘牌比例超过 30%。

相比海外市场对财务造假的惩罚力度，中国股票市场对财务造假的惩罚力度一直受人诟病，而投资者也只能接受一个又一个无人相信的"故事"：

● 2020 年 4 月 3 日，在创业板上市的豫金刚石披露 2019 年度业绩预告及业绩快报修正公告，将此前预盈 8040.34 万元修正为亏损 51.51 亿元。企业称，业绩变脸的一个很大的原因是新冠肺炎疫情、经济下行以及应收款项的计提调整等客观因素。

● 上市企业獐子岛年年亏损，企业编造故事，说是扇贝跑了，接下来还是扇贝跑了，最后索性声明扇贝死了，损失 3 亿元。

● 因财务造假而臭名昭著的康美药业，2016—2018 年累计虚增营业收入近 300 亿元；累计虚增货币资金高达 887 亿元。中国证券监督管理委员会指出，康美药业有预谋、有组织地，长期、系统进行财务造假，影响恶劣，后果严重。康美药业股价从 2018 年年中的高点下跌近 90%，无数股民血本无归。这样的情况在国外市场即使不被退市，企业及其高管恐怕也会被罚得倾家荡产，而刑事指控可能让相关负责人把牢底坐穿。

国外对上市企业财务欺诈动辄处以数亿美元的罚款、没收非法所得，对相关负责人进行刑事指控，很多企业高管被重判、重罚。反观国内，曾经不痛不痒的罚款措施，对财务欺诈行为恐怕没有多大威慑作用。

可喜的是，随着新《证券法》出台，国内进一步规范了财务信息披露标准和问责制度，并提高了对财务欺诈的惩罚力度，明确股东诉讼制度，以保护投资者的利益。监管机构采取行动，调查有关财务造假的报道。2020 年 4 月，中国证券监督管理委员会立案调查 20 多家上市企业的财务造假问题，并将继续打击上市企业财务造假、欺诈等违法行为，促进资本市场健康稳定地发展。

由此看来，即使那些不打算出海企业也要开始适应新规，严管自己的行为，否则可能在未来举步维艰，甚至落入深渊。

四、集体诉讼的威力

《证券法》支持集体诉讼，这个规定的出台振奋人心。

以美国的民间集体诉讼为例，作为政府执法的有益补充，它会让那些违规企业望而却步。

瑞幸咖啡爆出丑闻后，在网上出现铺天盖地的关于集体诉讼的信息。这些信息大致内容是：瑞幸咖啡因为涉嫌财务欺诈，导致股东利益受损。如果你从 2019 年×月×日至 2020 年×月×日购买过瑞幸咖啡的股票，并且损失 10 万美元以上，请与我们联系，现在不需要任何费用，只需要提供相关的信息。如果能够打赢官司，将从成功索赔的补偿中扣除一部分作为律师事务所的费用……

关注美国股票个股动向的人士，经常会看到各种来自不同的律师事务所的关于集体诉讼的消息。因为有法可依，执法严格，美国证券交易委员会将很多的工作交给了民间的专业人士，让他们帮助投资人维权。这样一来，上市企业稍有违法行为，就可能被控告，下场很惨。

五、我们应该吸取的经验教训

在企业走出中国、走向世界的帷幕被徐徐拉起之时，在中国从"世界工厂"到"走向亚非拉"，再到向"世界市场"转型之际，我们又可以从之前的企业案例中吸取哪些教训和经验呢？在此，我总结了几点，希望对走出国门的中国企业有所帮助。

1. 来自高层设定的基调

从企业和团队领导者开始，了解和遵守国际上各个国家经商的基本规则和法律。

所谓上行下效，要让员工不出差错，企业领导首先要以身作则，不要被短期利益蒙蔽了自己的眼睛。企业的发展是马拉松，不是百米短跑，该快的时候要加速，该慢的时候要减速，一味狂奔只能半途而废，甚至导致"猝死"。

千万不要有侥幸心理，"别人都在这么做"绝不是违背规则的借口，抄一些烂作业只会让自己陷入麻烦。这一点正是一些中国企业必须面对的问题，特别是在"我们不知道自己不知道什么"的情况下，千万不要打擦边球、按潜规则办事，而要练好内功，遵守公平透明的游戏规则，多一点对法律和商业道德的敬畏，否则企业或许就在一念之间吞下无法挽救的苦果。

一旦出现潜在的违规调查的时候，美国的监管机构很看重企业是否做到有明确的"来自高层的态度和基调"（Tone from the top）。如果调查结果是领导层不重视，没有明确要求员工合规，甚至暗示员工以不合规的方式行事，将被认定为企业的主要负责人在这方面失职，会对企业及相关负责人从重处罚。

安然、世通的一众高管最后被予以重罚，主要是因为在调查过程中发现这些高管在平时明示或暗示下属工作人员违规操作。因此，从企业的董事会到首席执行官、首席财务官、主要的业务负责人，到基层的管理人员，在各种场合向员工传达对合规的重视和设定明确的要求非常重要。

2. 明确的规章制度

建立相关的制度和政策，将禁止行贿、受贿和账务作假写入企业员工手册，确保在处理相关事件时有法可依，使企业不受损害。

要求员工认真阅读，并遵守相关规定，以书面形式确认员工理解并承诺遵守相关规定。无论因为何种原因导致企业出现违规行为，这个规章制度至少能够让监管机构知道企业在合规方面做了努力（规章制度很明确，违规是个人行为），这样企业可能不会被从重处罚。

3. 配合审计与调查

企业必须制定政策，向员工培训配合审计调查的相关知识，特别是在美国上市的企业。

《反海外腐败法》明确规定：

- 不得对独立审计的会计师做重大的虚假和误导性陈述。

● 不得向会计师隐瞒自己知道的重要事实，或导致其忽略任何的重要事实的陈述，不得误导会计师。

● 不得采取任何行动，胁迫、操纵、误导任何独立的注册会计师。

● 当外部审计师对企业财务报表进行审计或审查时，如果企业知道或应该知道某类行动和事项可能导致对企业的财务报表产生重大误导，则必须根据规定向审计师或审计委员会如实报告。

千万不要试图向负责调查的政府雇员提供虚假的书面或口头陈述，这将导致更加严重的刑事责任和巨额罚款。

4. 相关政策和法规的员工培训

将禁止行贿、受贿和禁止财务造假等相关内容纳入新员工入职培训。

要求员工认真阅读，并同意遵守相关规定，以书面形式让员工确认理解并承诺遵守相关规定。

对敏感岗位，如采购、销售、物流报关、财务及公共事务部等部门的员工定期进行培训。特别是与各国政府打交道的部门和员工，必须明白遵守相关法规的重要性。

做好培训记录工作，让参加过培训的员工签名，确认参加过培训。

5. 做好自查自检

企业要主动完善财务监管制度，对费用报销及财务结算方面的问题要明察秋毫。很多违规问题都与做假账有关。

行贿受贿多用现金形式，做假账套取现金，然后用来行贿。这种做法看似非常秘密和精明，其实是掩耳盗铃。

利用公关公司等"中间人"行贿，企业管理人员千万不要天真地认为只要钱不是自己亲自送的就万事大吉了。英美的反海外腐败法案明确规定，借由第三方代理付款并不能逃脱对企业的惩罚和追责。

因此，从现在开始，检查企业的财务往来，看看你的经纪公司在跟政府打交道时有没有给你提供正规的发票和收据；有没有奇怪的付款项目，例如，支付给政府部门工作人员的"加班费""特批费"，以及没有正式收据或发票的"罚款"。

在和经纪公司、公关公司签署的协议里必须明确指出不得进行非法付款和贿赂，等等。

一旦发现异常财务报销内容和账目，立即将其作为安全事故一样的重大事故上报并彻查。

6. 毫不留情地对违纪人员进行惩处

千万不要让员工以为，为企业利益行贿就可以网开一面，不被处理。如果企业不能及时果断地处理这种情况，可能对企业文化和风气造成坏的影响，让大家觉得这种事是可以容忍的；而且，如果企业不能及时果断地处理相关人员，一旦事情败露，被相关调查机构发现，企业很可能难逃合谋、包庇和纵容的罪名，甚至员工不正当的行为被认为是出于企业授意，那样处罚力度将会大大升级。

在财务记录的真实性和准确性方面，有些国际性企业在这方面的标准值得我们借鉴。例如，宝洁每年到了6月份财政年度末的时候，财务部门都会催促大家完成当年的预算费用复盘，及时报销费用并清理各类付款合同。

对一些新员工来说，哪些费用可以放在今年，哪些可以放在下一年，是一件颇为费神的事情。对很多人来说，需要考虑这件事对自己绩效的影响。例如：

- 如何才能确保今年的预算不超支？
- 不要留下太多的钱花不完，导致下一年度的预算降低。
- 有些项目的实际发生是为了今年的业务，但由于供应商或者代理来不及提供发票或付款合同，这时需要准备预提一定的金额，但实际支付可能发生在7月1日以后。
- 确保所有的账务处理合规。

于是，财务、人力和相关部门的负责人这时候总会碰到各种各样的问题。

每年到了这个时候，企业都会对相关人员进行培训，解答各方面的问题。例如：

- 今年的预算充足，我们安排了一个年度会议，本来要在6月开，但由于大家都在全力以赴完成这个财政年度的业绩，会议只能放在7月。我可以预留一部分钱吗？或者和相关的供应商提前签合同付款？
- 今年的预算不足，可以把付款推迟到下个财政年度来支付吗？
- 今年的预算有很多余额，可以把一些明年的项目费用提前支付或者在今年的财务报表上预留一笔钱吗？

企业通常会利用这个机会针对财务会计报告原则及企业相关政策对员工进行培训并明确"不得提前或延后确认收入或费用"的原则：

- 今年发生的费用必须计入今年的财务报表，并且不得提前确认收入。

预算不够导致超支，销售没达到目标，可能会承担"工作表现评估"不佳的后果，但通常不会因此丢工作，但作假则会丢工作。

我对销售人员进行合规培训时，有一个经常讲的例子。美国宝洁的某个销售团队，在财政年度结束前，为完成当年的业绩，迫使分销商提前下单出货，将产品运到分销商的仓库。这样可以使当年的业绩好看些，但遭到分销商投诉。企业对整件事进行彻查，相关的涉事人员被辞退。

- 不是今年发生的业务费用，不可以计入今年的财务报表，即使已经预付款。
- 今年发生但来不及付款的相关费用将通过预提的方式计入今年的财务报表。所有的预提项目通常要有严格的审核流程，确保合规。

即使企业有非常明确的政策和流程，还是会有个别的员工因为一些不合规的做法而丢掉工作。

有一年，一位市场营销经理，当年业绩完成得不错，而且费用预算有不少剩余。于是，她做了一份印刷广告宣传材料的假合同，提前将 60 万元人民币付给了企业的广告代理。

几个月后，在一次财务检查的时候，企业发现该项目并未发生，而且该项目因为品牌营销策略变化被取消了。于是，企业找到这位经理调查情况，她讲述了整件事的来龙去脉：上一年业绩不错，而且预算有剩余，她预计下一个财政年度竞争激烈、预算控制，将非常困难，因此想留一些费用给下一年做市场营销活动。事情发生后，企业让该经理联系广告代理将该笔费用退回。

在讨论如何处理这位员工的时候，一位副总裁坚持要解雇这位员工。有些人表示不可以理解：这位员工工作表现和能力非常好，也没有将钱放入自己的口袋。整件事对企业来说没有真正的财务上的损失，为什么要对这位员工处以"极刑"呢？

那位副总裁给大家解释了为什么要这样做的原因，给我留下非常深刻的印象：

"财务记录的真实性和准确性就像是我们的命脉。试想一下，我们在全球有2000多名市场营销人员，如果每人隐藏几十万元，世界范围内可能就有几十亿元的假账，加上其他各个部门的相关业务人员，如果我们不能严格管理，那么将意味着我们给企业和华尔街股东的年度报告是一个玩笑。这样的财务欺诈行为迟早会把企业推向万劫不复的深渊。"

我们再看看其他企业是如何处理财务报告的。

我身在海外，常听一些当地朋友讲起给一些企业做供应商的经历：每年到了12月和下一年的年初，大多数企业都需要发布年报。为保证年报看起来漂亮，企业往往停止向供应商和其他合作伙伴付款，有些情况下付款时间甚至比合约规定的时间晚一个季度，即使现金流并不存在问题。

每年到了年初，当地的海外供应商都会怨声载道，特别是那些资金周转比较紧张的供应商。

这种做法让企业在海外供应商面前失去信用，导致愿意提供服务的供应商数量减少，而且报价提高，使成本上升。同时，企业员工，特别是在当地雇用的本地员工，天天被供应商追账，而且确实是在企业违约的情况下，对员工的士气打击很大。

最重要的是，按照上市企业会计准则，这样的财务会计管理方式是违反法律的，可能给企业带来巨大风险。

　　走出国门的中国企业要一起努力，共同营造一个健康、透明、公平的商业环境。让我们一起维护民族品牌的信誉，为中国企业挺直腰杆走出国门，进行长期不懈的努力，赢得全世界对我们的信任。

第七章

跨境业务的风险管理

有跨境业务的企业有时候可能会感到困惑：自己在国外没有常设机构，也没有在当地雇用人员，有些业务甚至只是基于互联网平台，难道还有什么风险吗？

其实，涉及跨境业务，企业就不得不关注一些可能的风险，包括出口转卖限制、个人隐私及通用数据保护、反垄断等方面的风险。例如，企业即使在欧盟没有业务，但如果涉及收集和处理欧洲居民的个人数据，则会受到欧盟的通用数据保护条例的管制。

第一节　出口转卖限制

很多国家对一些可能危害其国家安全的信息、技术、商品或材料的转让和转卖都有明确的规定和限制。其中以欧美在这方面的管制最为严格。企业要确保遵守欧盟、美国及联合国的出口转卖法规，避免因为禁运限制导致巨大损失。

一、美国《出口管制条例》的相关规定

美国的出口管制通常是指按照美国政府规定不能转让或转卖给外国人或者外国企业特定的信息、商品或材料。转卖或转让由美国《国际武器贸易条例》控制的产品、信息或材料必须事先获得美国国务院颁发的执照或批准，美国《出口管制条例》所列的

项目则需经美国商务部批准。

美国《国际武器贸易条例》及《出口管制条例》的目的是防止外国公民、行业、政府或者其代表因为获取此类商品或信息而给美国带来不利影响。

美国《出口管制条例》的规定包含针对实体、个体和国家进行制裁。例如，2012 年之前，美国针对缅甸、伊朗、朝鲜等国家的制裁。针对某个国家的制裁则在限制内容上更加广泛，包括军用和民用产品、服务等。

禁运商品通常包括军民两用产品，这是企业需要特别留意的地方，特别是对一些高科技企业产品的出口管制更为严格。

通常来说，此类商品或信息一般有很明显的警告标识，同时在商品交易过程中一般将相关要求列入商业合约里。对该商品或者信息的出口转卖有严格的限制，违反者可能受到严厉的制裁。

二、欧盟出口转卖及禁运规定

除美国外，很多其他国家也在这方面有非常明确的规定，其中影响比较大的是欧盟的管制与制裁。

欧盟制裁的范围更广。目前欧盟的制裁名单内有 30 多个国家，远远高于美国制裁国家的数量。受欧盟制裁的国家名单中除上述美国制裁的国家外，还包括埃及、几内亚、摩尔多瓦、突尼斯，甚至包括美国。

欧盟一般不是针对一个国家实施全面的贸易禁运或金融制裁，而是针对某些特定的实体和个人。

在执行贸易出口转卖禁令时，欧洲银行通常参考美国的制裁法令。近年来，多家欧洲大银行遭到美国当局的反洗钱调查，甚至巨额罚款。因此，在金融实务中，大部分欧元清算都会参考美国财政部拟定的制裁名单，对受制裁的对象进行严格控制。

2013 年，欧盟曾对违反伊朗禁运令遭逮捕的四人进行审判。2012 年 8 月，德国警方因故意违反伊朗禁运令逮捕了三名具有伊朗和德国双重国籍的男子和一位德国公民。检察官表示，该货运订单来自一名同样受到德国当局通缉的伊朗公民。

这四人被指控分别在 2010 年和 2011 年为伊朗的重水反应堆提供阀门，违反了武器禁运和针对伊朗的军民双重用途货物的出口限制。伊朗被列为德国和欧盟制裁的国家，因此出口该类货物至伊朗是被禁止的。

以上四人除涉嫌参与从德国运送阀门至伊朗外，还充当从印度运送相关产品到伊朗的中介。据法庭公布的信息，这些特殊阀门被交给负责在伊朗、伊拉克承建重水反应堆的伊朗企业，用以提炼能制作核武器钚。

以上四人为规避出口监管，在申报时将位于土耳其和阿塞拜疆的企业填写为最终收件人，而这些货物却又通过陆路被运送至伊朗。

四人因为违反欧盟出口转卖禁令而受到严厉制裁。

三、联合国的禁运制裁

联合国也有相关的禁令和制裁，主要包括三项内容，禁运军火、冻结资产和旅行禁令。联合国与银行有关的制裁措施主要是资产冻结，其主要是针对某些特定个人和实体，而不是全面制裁某个国家。所以，执行联合国的制裁措施，需要逐个国家查询业务涉及的实体和个人是否在制裁名单内。

为进一步阐述清楚关于出口转卖方面的风险和问题，让大家在这方面有一个基本的概念，我在这里详细介绍一下受到欧盟、美国和联合国出口转卖禁令制裁和指控的一些企业实例。

2010 年 6 月 10 日，联合国安理会就伊朗核问题通过决议，决定对伊朗展开第四轮制裁。6 月 16 日，美国单方面公布对伊朗实施出口禁令，其中包括美国生产的军民两用的零件。

2012 年，某企业将一批含有美国科技企业软件和硬件的产品出售给伊朗最大的电信运营商。此举违反了美国对伊朗的出口禁令，因而遭到美国商务部的调查。美国商务部以违反美国《出口管制条例》为由对该企业采取限制出口措施。

2017 年，该企业与美国商务部达成和解，同意支付数亿美元的罚款，以换取美国将其从限制出口的名单中去除。美国商务部同意，若该企业于 7 年暂缓期内确切履行与美国商务部达成的协议要求事项后，可免除 3 亿多美元的罚款。作为整改的要求之一，该企业承诺解雇涉事的几名高级雇员，并通过减少奖金或处罚等方式处罚 30 多名员工。

然而，美国商务部随后调查发现，该企业与美国商务部达成和解协议后，只解雇了 4 名高级雇员，直至 2018 年仍未对另外 30 多名涉事员工采取惩戒措施，而且这些人除 1 人外均获得 2016 年奖金。

随后，美国商务部指该企业对涉及出口管制违规行为的某些员工未及时进行惩处，等于在之前呈交美国政府的函件中做出虚假陈述，宣布出口禁令再次启动。

该企业因为美国商务部的制裁而遭受巨大的损失，随后采取改进措施并和美国政府达成新的和解协议。在缴纳 10 多亿美元罚款及保证金后，美国商务部正式解除对该企业的出口禁令。

这一案例给出口企业的一个深刻教训就是，千万不要轻视欧美的出口限制条例的要求。

欧美的出口转卖禁令不仅适用于产品和材料的生产和贸易商，而且对帮助完成这些出口转卖交易的服务提供商也有非常严厉的管控。对于银行，欧美国家利用其银行转账系统、美元结算限制等机制来控制和确保其遵守出口转卖禁令。

例如，某银行被美国调查，其客户大量的资金往来涉嫌与伊朗的业务有关，最终因为涉嫌洗钱被罚款 10 多亿美元。

四、出口转卖限制的执行

违反相关禁令的制裁依据是什么？

例如，美国《出口管制条例》规定，违反条例非法出口商品、信息及服务的个人或实体可能被判监禁或者罚款。法令规定的罚款金额可能在百万美元以上，或者是交易额价值 5 倍以上的罚款，选择两者中较大的一项。

由此可见，违反美国的出口禁令，受到的制裁是相当严厉的。

美国出口转卖禁令制裁的范围广，而且力度大。

美国财政部、商务部和国务院拟定的制裁名单包括 30 多个国家和地区，其中有几个全面制裁国家和十几个非全面制裁国家。美国财政部不定期公布受到制裁的实体和个人名单。

美国禁止美资银行向遭到全面制裁的国家直接或间接提供金融服务，任何美资银行违反有关规定，不仅会遭受 5000 万美元的罚款甚至更高的民事处罚，责任人还可能遭到入狱 10～30 年的刑事处罚。

美国出口管制法律体系影响面非常广。例如，为确保禁运和制裁得到执行，美国政府可能向运输商、承运人、保险人、银行家、承租人、油轮和货运代理的全球贸易及融资链施加压力。

美国《出口管制条例》影响的行业多、惩罚力度大，带有很强烈的美国主导意识，一旦被列入制裁名单，受制裁者不知不觉陷入了一个看不见、摸不着却真实存在的陷阱。因为美元在世界商业往来结算中占据主导地位，国际支付体系受美国控制，所以许多金融机构不得不遵守美国的相关法规。

一旦被制裁，个人或企业的所有金融行为都可能被拒绝，其全部资产面临被限制转移的巨大经济风险。

随着国际关系和政治环境的变化，一些以前与欧美关系紧张的国家可能发生变化。例如，美国与古巴关系正常化，美国与叙利亚、苏丹、朝鲜的关系可能发生改变。欧盟和美国的禁令与制裁往往是协同进行的，在此情况下，一些没有遵守国际禁运协议，与被禁运国家进行贸易往来的企业可能有被制裁的风险。

不管是联合国、欧盟还是美国的制裁法令，如果你考虑同被其制裁的国家做生意，而你的产品、原材料或者技术来自欧美企业，就要严格遵守合同及相关法规的要求。

例如，联合国、美国、欧盟在2012年之前对缅甸的制裁就非常严苛。

我们以加拿大2007年出台的对缅甸的制裁令为例，其内容包括：

- 禁止从加拿大向缅甸出口货物，人道主义援助除外。
- 禁止从缅甸进口商品。
- 冻结相关缅甸国民在加拿大的资产。
- 禁止加拿大个人和企业在缅甸进行新的投资。
- 禁止加拿大金融机构提供进出缅甸的金融服务。
- 禁止向缅甸出口任何技术信息。
- 禁止在加拿大注册的船舶或飞机在缅甸停靠或着陆。
- 禁止在缅甸注册的船舶或飞机进入加拿大，降落或经停。

这意味着，即使加拿大企业的分销商将技术数据、商品和货物出口到缅甸也受加拿大出口制裁令的限制。

在联合国、美国、欧盟的制裁令生效期间，我去缅甸时发现当地没有任何欧美企业设立的机构。欧美企业的产品不能分销到缅甸，一些敏感材料也不能通过第三方转卖到当地。

我曾经负责宝洁在东盟国家的相关工作，宝洁受出口转卖禁令的限制，即使通过分销商将日化产品运往缅甸也会严格审查，以确保合规。2012 年，各国的制裁禁令解除后，欧美企业才逐渐进入缅甸，从事经营活动。

以上案例都体现了中国企业走向国际市场需要面对的情况，和需要关注的政策和法律风险。

对世界各国政府法规及合约精神的尊重，或者说是对基本的游戏规则的遵守，是那些心怀大志、有着做全球化百年企业之志的企业家应该始终坚守的底线。

为确保企业在不同国家和地区安全运营，遵守当地的法律，特别是金融机构、高科技企业，以及与美国和欧盟国家有贸易往来的企业，需要特别注意这方面的风险，避免因为违反海外法律而对企业及个人带来不利后果。企业务必培养一批熟悉国际规则和相关政策的专业员工，授权他们监管企业在海外的商业活动。

五、我们可以吸取的教训

让我们重新回顾那些涉事企业在处理违规事件中的失误，从中吸取教训，避免类似的错误，以保护企业的健康长远发展。

1. 建立有国际视野和经验的国际化团队

建设和培养熟知国际市场商业规则和程序的团队。例如，购买某些特殊产品（高科技产品、技术和特殊材料等），务必了解当地对于相关产品出口和转卖的限制和要求；如有违反合约转卖产品的情况，被查出后应该及时、主动修正。

2. 高层设定正确的基调

在一些业务决策中，如果企业高层没有给团队设定一个正确的基调，团队成员对遵守合约和相关法规也不会引起重视，甚至会从企业利益的角度尝试走捷径。一些国家在调查认定违规行为的时候，非常看重领导责任——如果被发现领导不重视、不强调合规意识，甚至有意指使员工违反相关法规，企业和相关领导人都将受到更加严厉的民事或刑事处罚。

3. 健全相关的制度

企业还需要加强制度方面的建设。在涉及企业直接利益的方面，许多企业对员工的约束很多，而认识不到对企业行为进行约束的合规制度建设其实对企业来说更加重要。

制定一套全面和清晰的商业伦理道德政策，对保护企业和员工至关重要。例如，2003 年，我参与制定宝洁"全球商业行为与道德"手册的时候，欧美的同事极力要求公司明确"出口转卖"的相关政策。我当时对联合国及欧美的出口限制方面的经验和知识比较缺乏，不理解他们为什么坚持将这个看起来不重要的条款放入公司政策里。直到后来去欧美地区工作的时候，我才理解了这类制度对保护企业安全的重要性。

4. 培训相关业务专员

如果企业对于欧美的出口转卖的相关规定及可能造成的后果缺乏认识，在实际的商业活动中，员工遇到问题不知道如何行事，企业又没有相关的培训和明确的制度，一旦出现问题，企业难辞其咎。在这一点上，我们可以学习老牌国际企业的做法：制定制度后，确保全体员工接受培训，理解并遵守相关的制度，包括留下培训记录、签署遵守承诺书。做好这些事，有利于增加企业的业务安全性。

5. 出现问题后及时处理相关涉事人员

很多成功企业之所以在处理违规人员方面毫不手软，有一个很重要的原因，就是一旦出现问题可以非常清楚地切割，将员工个人行为和企业行为明确分开。企业要明确表明立场，个别员工的违法行为不是企业授意的。例如，前面提到的某企业在违规事发后，没有及时处理相关责任人，还继续为其发放年底奖金，这有点像是在发表一个声明："你（员工）没有做错，谢谢你为企业做的这些事。这是你的奖金，继续吧！"言外之意，好像做法是企业认可的，不是个人所为，这将导致企业和股东损失惨重。

即使企业建立了严格的制度和政策，可能还有员工因为种种原因违反相关的制度或政策。这个时候，企业必须毫不留情地处理相关人员。这样就能给员工和相关监管机构一个明确的信息——企业非常重视合规问题，并竭力遵守相关规定。

即使在海外没有设立分支机构的企业，如果是制裁国企业的合作伙伴，也需要非常认真地研究在产品及服务的转移方面的合同和法律规定，避免触犯世界各国或国际机构的出口转卖禁令。

除产品、技术、信息和货物外，出口转卖禁令通常也会对向被制裁国提供服务进行明确的禁止规定，金融服务业往往是重灾区，而且是监管的重心。一旦对金融服务进行严格监管，与被制裁国之间的国际贸易就很难进行。

同时，违反该禁令将可能导致另一项违法问题——洗钱，洗钱在很多国家都是严重的违法行为。

第二节　互联网企业国际化的难题—— 个人隐私政策及数据保护

对于中国企业和消费者来说，个人信息数据和隐私保护在以前是一个相对陌生，或者说尚未引起足够重视的领域。国际上的一些国家，特别是欧盟国家，在数据保护和个人隐私信息保护方面的立法和执法非常严格。因此，对于走出国门的中国企业，特别是互联网企业来说，预先在这方面做好功课是非常重要的。

一、个人隐私保护

在互联网技术被广泛应用和商业化之前，关于个人信息保护的规定主要集中在对个人隐私信息的收集和保护方面。

个人隐私信息主要是指可识别个人身份的信息（Person Indentifiable Information，PII），包括单独使用或与其他信息一起使用时能明确识别个人身份的信息（例如，组合使用姓名、地址和电话，或者单独使用身份证号等）。法律对企业、法人和个人收集使用个人隐私信息有着非常严格的规定，违规操作将会受到严厉的惩罚。

要想了解西方国家为什么对个人数据和隐私保护如此重视，我们可以先看看忽视隐私信息和数据保护会发生什么情况：

●你有没有遇到过，上午买完车，下午就有商家给你打电话推销汽车保险、汽车维修保养服务？

●你有没有经历过刚刚买完房，就有中介不断精准推销租房服务、装修企业推荐装修服务或者贷款服务？

●你有没有体验过孩子刚上小学，就不断收到来自各种补习班、兴趣班的电话或邮件？

● 你有没有遭遇过在某地刷卡消费后被人盗用信用卡资料？

● 你有没有接到过推销电话，对方能够准确叫出你的名字，甚至知晓你详细的身份信息？

……

如果你对上面的问题的回答是"没有"，我恭喜你，你非常幸运，是现代人中不到 20% 的人之一。

我的一位朋友告诉我一个他的亲身经历。2014 年，他经朋友介绍在西安买了一套房。他来自广州，后来移居海外，平生没有去过西安，即使买房也是朋友远程帮助完成的手续。但是，自从买房之后，各种骚扰电话不断：卖房中介、装修企业、租房中介、贷款中介……形形色色，有时甚至天天都会接到这样的电话，而且每次接听都是以"你好刘先生……"开始，吓得他直冒冷汗。为什么这些商家知道他的电话号码，并且能够准确地叫出他的名字，甚至知道他的其他信息？

答案当然非常明显，他在西安唯一的一次留下电话号码就是买房时登记个人信息，他的个人信息极大可能是被售楼商或其员工转卖了。

或许有人会问："不就是一个电话号码吗，有什么大不了的？"让我们看看刘先生为此付出的代价：为方便和国内联系，这些年他在海外一直保留中国的移动电话号码，频繁的骚扰电话带来了大量的国际漫游费。有时候，看到未接电话，他打回去才知道是推销骚扰电话，白白浪费钱。于是，后来看到来自国内的未知号码，他一概不接不回，为此却又耽误了很多事情，造成了生意上的损失。

除了物质上的损失，个人信息泄露也可能对当事人身心带来巨大的伤害。

2019 年，一名美国男子在新加坡泄露了数千名艾滋病毒抗体阳性人员的机密信息，在美国被判入狱两年。

这名美国男子从他的朋友，一位新加坡高级医生那里获得了这些个人隐私信息，包括 14200 名艾滋病病毒携带者的姓名和住址。这些数据被该男子发送到其母亲的邮箱，然后在网上泄露了。这些数据的公开让这些艾滋病病毒携带者感到异常焦虑，担心在社会上面临歧视。

更可怕的是，个人身份信息及其他隐私数据一旦泄露，很容易被不法分子利用，进行诈骗等违法活动，危及信息所有者的人身及财物安全。

企业在经营过程中，可能需要从多种人群收集可识别的个人身份信息，包括消费者、供应商、客户、员工、应聘者和股东。这些信息确实有助于企业更快捷、高效地进行日常管理和改善产品性能及服务。

因此，如果想要维持好工作必需的信息收集与隐私保护之间的平衡，赢得消费者或用户对企业个人隐私保护的信任至关重要。而且，这种隐私保护涉及企业日常运作的方方面面。

下面给大家举几个例子，看看对隐私信息的保护对企业工作有着怎样的影响。

2007 年，我在宝洁欧洲分公司工作的时候，企业决定将员工服务工作外包给 IBM，并将服务中心设在马尼拉、哥斯达黎加等地，既便于统一管理，又能降低成本，大幅提高生产率。这是非常完美的规划，前期设计、沟通、人员培训及办公室设施等很快到位。但是，这时出现了一个问题：尽管 IBM 有能力处理和保护个人隐私数据，但员工提供数据给企业时并未同意将数据转移给 IBM 这样的第三方处理。于是，我们不得不进行全企业动员，说服员工为业务顺利开展签署知情书，同意企业将其已提交的数据转交第三方进行处理。一旦有员工不同意签署，企业也不能施加压力强迫员工同意。同时，我们还要研究准备第二套备选方案，用不违反个人隐私数据保护法案的系统或方法来处理，也就是如果有一部分员工不同意，企业得有备选方案来管理他们的工资福利的发放等工作。幸运的是，经过大量的沟通工作，最后全体员工都同意了新的服务方案。

另一个例子是关于消费者数据保护的。10 多年前，我所在的企业在中国的团队因为业务需要收集了一些消费者数据（包括联系电话、个人住址及年龄、生日等信息），目的是用于某护肤品牌（下称 A 品牌）的市场调研和消费者关系管理。当时，我们的另一个护肤品牌（下称 B 品牌）觉得这些数据对自己的市场营销也有帮助，于是有同事提出将这些数据给 B 品牌直接使用。

当时中国对于消费者隐私信息保护方面还没有明确的规定，但企业内部有明确的规定，秉持"建设互信环境，鼓励信息共享"的原则，为能更好地取信于消费者，使消费者更加信赖和认可品牌和产品，就一定要在保护消费者权益方面进行严格管理，其中就包括对消费者个人隐私数据的尊重和保护。企业最后决定，既然我们在收集这些数据的时候没有征得消费者同意将其用于企业的另一个品牌，那么除非征得消费者同意，否则不得擅自将数据用于另外的品牌。

优秀的企业应知道，企业与消费者之间的信任，是基于企业的诚信经营和目标正当，并不断提升标准，从而让消费者可以放心地选择企业的产品及服务。

有研究机构发布报告显示，一旦企业发生泄露个人数据的违规行为，消费者不会轻易宽恕。72% 的受访者表示，他们将抵制一家无视个人数据保护的企业；50% 的受访者表示，他们更愿意在一家可以证明其认真对待个人数据保护的企业购物。由此可见，如果一家企业没有能力和标准保护员工及消费者的隐私数据，就难以开拓更广阔的经营版图。

值得一提的是，个人隐私保护问题其实就存在于我们工作与生活的细节里。例如，在你将同事的联系方式分享给第三方之前，一定要先征得该同事的同意。在日本，《个人信息保护法》等条例推广实施后，不得随便使用个人信息、不得泄露他人的个人信息已经成为一般性常识。例如，教师需要学生的联系方式，就要向学校管理学生个人信息的部门提交申请，如果申请不被批准，就无法获知学生的个人信息。

有些企业出于好心，为员工提供专业健康顾问服务，通常会有专门的医务人员收集员工的健康信息和体检报告等。

在收集这些信息的时候，企业一定要考虑数据保护问题：要明确规定数据的使用和查阅权限、数据的用途与范围，以及对相关人员的培训和管理要求等。在数据管理人员之外，即便是上级领导，也无权获知具体信息。例如，我在欧洲工作时，企业的职业健康及医疗主管是我的下属，但当我们谈到员工管理问题时，只要涉及员工医疗健康信息，该主管总是很谨慎，避免与我分享可能涉及员工个人隐私的内容。即使我在企业的管理架构上是这位医疗主管的上司，他还是非常严格地遵守"需要知道"的原则，不轻易分享员工的个人健康数据及其他隐私信息。

二、个人在企业的工作表现及其他信息方面的隐私保护

还有一个走出国门的中国企业容易犯错误的地方，就是员工在企业内部的个人表现及奖惩信息，这些也可能涉及个人隐私。有些信息即使在企业内部也不要随便与他人分享，更不要说分享到企业外部了。

　　我们有些企业内部会公布员工绩效和排名、在公告栏和员工系统内发布批评或处分信息，甚至将这些信息向外部公开。在欧美国家，这是非常忌讳的，弄不好会因触犯员工的隐私而招致法律问题。因为其基本假定就是，员工的工作表现是员工个人与企业之间的问题，和他人无关。关于工作表现好坏的判断标准，对不同的企业来说，各不相同，属于主观性较强的评判。被甲企业评估为"一般"的员工，用乙企业的标准评价也许是"非常好"。总之，这些数据是员工和雇主之间因为雇佣关系而产生的相关信息，和外界无关。例如，法国明确规定，在招聘面试或收集信息时，不得收集个人工会关系、之前工资收入等信息。如果企业违反相关法规，会引发法律问题。

　　关于个人信息的相关法规早期主要聚焦于对个人隐私的保护，在这方面起步比较早的有欧盟国家、美国、澳大利亚、新加坡及加拿大等国家。

　　而随着互联网及智能科技的发展，对消费者隐私数据的保护变得越来越重要。例如，可以定位的智能移动设备应用日渐广泛，网络互联分享越来越便捷，由此生成了越来越多的用户个人数据，一旦数据保护出现漏洞，被不法分子利用，很多人（特别是青少年）的信息及人身安全就将面临巨大的威胁。

三、互联网时代的个人信息通用数据保护

　　近年来，互联网技术飞速发展，公民个人信息泄露，无疑对诈骗犯罪活动起到了推波助澜的作用。个人信息贩卖"黑市"及网络黑客猖獗，为诈骗分子提供了大量精准的公民个人信息，在一定程度上增加了人们被诈骗、损失钱财的可能性。

　　2016 年 11 月 21 日，中国青年政治学院互联网法治研究中心与封面智库基于百万份调查问卷，联合发布国内首份《中国个人

信息安全和隐私保护报告》，揭示了我国个人信息安全和隐私保护方面的严峻形势。该报告指出，超过七成的受访者认为个人信息泄露问题严重；26%的受访者每天收到2~3条甚至更多的垃圾短信；多达81%的受访者接到过对方知道自己个人信息的陌生电话；消费、保险及贷款等信息被泄露后，受访者被营销骚扰或诈骗的比例高达36%。

个人隐私和数据信息的安全问题主要来自两方面：一是黑客通过入侵计算机系统非法获取用户信息；二是相关人员利用职务之便，非法贩卖用户信息。

近几年，特别是2018年以来，我国对个人隐私和网络数据立法工作非常重视，相关法律的施行和管理制度的实施，使上述情况得到显著改善，侵犯个人隐私、诈骗电话、骚扰电话等正显著减少。但仍有许多系统性工作需要深入开展。

我在欧洲及新加坡工作的10多年时间里，基本没有接到过诈骗电话，而且连推销骚扰短信都很少收到（近两年不法分子利用网络电话针对新加坡华人的非法诈骗电话开始多起来，但主要是随机的诈骗电话，基本上没有个人信息泄露的问题，因此很容易辨识）。

那么，欧洲和新加坡是如何做到这一点的呢？这可能源于这些国家和地区个人隐私保护法律的健全和严格执法。

以新加坡为例，新加坡国会在2007年通过了《垃圾邮件控制法案》，对垃圾电子邮件进行重点整治。

2012年，新加坡国会出台《个人信息保护法案》（Personal Data Protection Act，PDPA）。这一法案的颁布及施行为保护、监管、收集、使用和公开个人信息制定了一个清晰的标准，所有新加坡企业、政府及非政府组织都必须遵守。该法案主要目的是保护个人信息不被滥用，严格监管推销电话和信息。企业必须在获得消费者允许后，才能收集和使用消费者的个人信息，并且需要向消费者解释自己收集和使用消费者个人信息的用途。

该法案还要求组织和实体应委任至少一名数据保护负责人，确保其活动和行为符合该法案的相关规定。

该法案在数据采集方面的规定也更加严格、细化。从 2019 年开始，新加坡对企业及政府机构要求民众提供身份信息登记的规定进行修改，新规定对企业甚至一些政府机构对此类信息的非必要性收集进行了限制。

当然，再完善的法律，缺乏执行力度也是一纸空文。在严格执行法律方面，新加坡全球有名。《个人信息保护法案》的执行也不例外，在新加坡触犯该法案会招致严厉惩处。

触犯《个人信息保护法案》，企业最高可被处以 100 万新元（约合人民币 500 万元）的处罚，责任人将被监禁 12 个月。消费者可向违反规定的垃圾电子邮件或短信发送者要求赔偿，每条垃圾电子邮件/短信的赔偿费为 25 新元（约合人民币 125 元），在新加坡群发营销短信，或随意进行电话营销可能被罚得血本无归。因此，企业对于使用未经所有者授权的通信信息进行广告推销非常谨慎。

随着互联网大数据的应用越来越普遍，人们对个人隐私保护问题越来越担忧。欧盟负责司法、消费者保护和性别平等事务的官员认为，个人隐私就是 21 世纪的"黄金"。每个人举手投足间都会留下个人信息的痕迹，在毫无隐私保护的数字空间，人们如同在水族馆里裸泳。

四、社交媒体收集信息及风险

据 2018 年 3 月英国《卫报》报道，脸书对于用户的登录地址、登录时间、发过的图片和感兴趣的话题都了如指掌，它能在任何时间访问用户的摄像头、麦克风、邮件、短信、文件、游戏、搜索和浏览历史。个人无法阻止脸书追踪你在社交网络上所做的一切。

2018年3月，脸书被曝光将8700万条用户信息泄露给了英国的剑桥分析公司，据说该公司利用这些数据影响了2016年的美国大选。5月22日，脸书首席执行官扎克伯格在布鲁塞尔接受欧洲议会质询，并就此向欧洲用户公开道歉。新加坡政府也举行了听证会，针对个人隐私保护问题对脸书进行质询，要求其增强对消费者的个人隐私保护，脸书股价因此持续大跌。

有人曾经尝试下载与自己有关的数据，结果从谷歌那里得到一个5GB的大文件，脸书上的文件则有600MB。正如《卫报》报道所讲，企业对个人信息的收集超出人们的想象，更可怕的是这些信息可能被派上无数邪恶的用场。

公众对个人隐私的关注不断增长，每当出现新的令人关注的数据泄露事件时，这种关注也会随之增长。

美国RSA信息安全公司对法国、德国、意大利、英国和美国的6387名消费者进行了调查，在2019年发布了数据隐私与安全报告，报告显示，78%的消费者认为金融数据泄露或丢失是头等大事，75%的受访者担心丢失安全信息（如密码），70%的受访者担心个人身份信息的安全。

这份报告反映的问题对处理消费者数据的企业而言关系重大，64%的美国受访者表示，如果发生数据泄露事件，他们会归责于企业，而不是黑客，而这一数据在英国受访人群中高达72%。调查显示，一旦发生泄露个人数据的违规行为，消费者不会轻易宽恕企业。

消费者并不完全信任企业管理和处理其个人信息的举措，人们会采取对策。根据该报告，有41%的受访者表示，他们在进行网上注册等服务时，故意提供虚假信息，以避免自己的隐私数据被泄露。

出于对数据安全的担忧，很多人除向银行、政府机构等提供真实的个人数据外，向其他网站和机构会隐瞒或虚构信息（包括姓名、出生日期等信息）。

该报告发布者得出结论："随着消费者逐渐了解情况，他们期望数据管理者增加管理透明度和响应能力。"公众最关心的问题包括安全问题、过多的营销信息，以及转售、转移数据等造成的风险。报告还总结道："企业进行数字化转型，更大程度地利用数字资产、服务和大数据，也要对监控和保护这些数据负起责任。"

五、欧盟《通用数据保护条例》及其影响

2018 年 5 月，欧盟出台了关于个人隐私及个人信息数据保护的《通用数据保护条例》（General Data Protection Regulation，GDPR）。这是迄今为止全球最严格的关于数据保护的法案。

英国《独立报》称，这是"互联网诞生以来的最大变革"，该法案致力于以更加严格的法律来保护欧盟公民的数据隐私安全，并加强对企业个人信息管理的监管。

该法案规定，世界各地的企业在收集欧盟公民的个人信息（身份信息、政治倾向、宗教信仰、性取向、健康信息等个人资料）时，都必须征得用户同意，并解释用途；欧盟公民有权随时查阅、修改、删除个人资料。如果出现涉及个人数据泄露的安全漏洞，企业必须负责并在 72 小时内向有关部门报告。

欧盟这一法案与美国等国家的隐私保护最大的不同，就是在个人隐私保护的基础上，增加了更加严格的对包含个人信息的通用数据的保护，其保护的范围大很多。

欧盟《通用数据保护条例》对于个人信息数据的收集、使用、保护、监管和转移都有更加严格的规定，对于违反该条例的惩罚非常严厉。

《通用数据保护条例》保护的隐私和个人信息数据包括：

- 基本身份信息，如姓名、地址和身份证号码
- 互联网数据，如位置、IP 地址、终端文本数据（cookie）和 RFID 电子标签
- 健康和遗传数据
- 生物特征数据
- 种族数据
- 政治观点
- 性取向

六、《通用数据保护条例》对大部分企业的影响

任何在欧盟国家内存储或处理有关欧盟公民个人信息的企业，都必须遵守《通用数据保护条例》的规定，即使企业在欧盟内部没有业务存在。其对企业的具体合规标准是：

- 在欧盟国家或地区设有办事处。
- 在欧盟没有业务，但收集和处理欧盟居民的个人数据。
- 员工人数超过 250 人。
- 员工人数少于 250 人，但其处理的数据会影响数据主体的权利和自由，或者包括某些敏感数据。

这意味着，几乎所有与欧盟相关的企业都受到该法案的影响和管控。并且，欧盟法律规定不得将数据转移到缺乏足够保护的国家。

互联网及虚拟经济的发展意味着你可能在世界任何地方进行商业活动而不需要在当地雇用员工，甚至不需要建立法人实体或办公室。然而，欧盟的《通用数据保护条例》对此类商业活动提出了挑战。按照该条例的规定，企业或组织不得将欧盟公民的数据转移到缺乏足够保护的欧盟以外的国家或地区。因此，在现有条件下，将数据处理中心建在印度、菲律宾、哥斯达黎加或马来西亚等国家来处理欧盟业务这一商业模式并不可行。

在这一新规的约束下，因为隐私及个人数据保护在美国没有严格的联邦立法或监管，所以很多美国企业难以适应，在欧盟的经营活动同样变得艰难。在数据保护方面，美国有些州立法，如2020年1月1日生效的《加利福尼亚消费者隐私法案》；或者针对某方面的数据保护立法，如保险、信贷等领域。美国在这一方面缺乏全国性的联邦法律。因此，欧盟的新法实施影响到了包括谷歌在内的很多美国大企业在欧盟的业务运营。

七、对违反《通用数据保护条例》的惩罚

欧盟对违反《通用数据保护条例》造成严重后果的企业最高可处以2000万欧元的罚款，或者收取相当于该企业上一年度总营收额4%的罚款（以二者中较高的一项为准），企业负责人还可能面临牢狱之灾。

以谷歌为例，如果它在2018年违反《通用数据保护条例》造成严重后果，在2017年收入超过1100亿美元的谷歌母公司Alphabet就可能要缴纳40多亿美元的罚款。

我们可以看看企业因违反欧盟《通用数据保护条例》而受到严厉惩罚的典型案例：

- 英国航空（罚款2.046亿欧元）：英国航空网站的用户数据

在 2018 年被转移到了一个欺诈网站，黑客借此收集了大约 50 万个用户的数据。英国航空的疏忽导致包括用户姓名与住址、登录信息、旅行预定详情，以及信用卡信息（卡号、有效期和 CVV 码）等被泄露。

● 万豪国际酒店（罚款 1.103 亿欧元）：2014—2018 年，万豪国际酒店受到黑客攻击，泄露了客户的敏感信息，包括信用卡信息、护照号码以及出生日期。这些信息涉及 3 亿多个客户，其中3000 万人是欧盟居民。调查认为，万豪国际酒店在收购喜达屋时未进行充分的尽职调查，未能及时处理喜达屋存在的系统漏洞和安全风险，导致用户数据泄露问题在收购喜达屋后才被发现。此外，万豪国际酒店的系统保护工作需要完善。

● 谷歌（罚款 5000 万欧元）：2019 年 1 月，谷歌成为欧盟《通用数据保护条例》第一个高额罚款受罚对象。谷歌被处罚不是因为像万豪国际酒店和英国航空那样涉及数据泄露，而是因为谷歌搜索引擎在告知用户处理其个人数据的方式上缺乏透明度和清晰度，并且未能获得用户的同意就推送个性化广告。

● 奥地利邮政（罚款 1850 万欧元）：2019 年年初，奥地利数据保护局以违反欧盟《通用数据保护条例》、非法出售消费者数据为由，对奥地利邮政罚款 1850 万欧元。

● Deutsche Wohnen SE（罚款 1450 万欧元）：2019 年 10 月，柏林数据保护和信息自由专员因违反《通用数据保护条例》对房地产企业 Deutsche Wohnen SE 进行处罚。调查发现，该企业以不正当理由超期存储租户的个人数据，其在 2017 年就已存在的不良历史记录使惩罚加重，最终被柏林数据保护监管机构罚款1450 万欧元。

● 1&1 Telecom GmbH（罚款 950 万欧元）：1&1 Telecom GmbH 由于未能采取适当的技术和组织措施来保护消费者信息，被处以罚款。该企业呼叫中心的呼叫者可以通过简单的姓名和出生日期来检索消费者数据，这被认为是不足以保护消费者信息和验证访问安全性的行为。

以上案例中的这些法律规范对欧美企业来说都可能需要时间来适应和应对，对中国的出海企业来说更是困难重重，中国企业在这方面的经验和能力亟待提高。如果无法在这些方面做到合规，企业将面临灾难性的后果。我们也看到一些中国企业在海外或多或少受到影响：2017 年，中国智能灯泡制造商易来（Yeelight）向欧盟用户发送通知，称将暂停服务。某共享单车企业因为不能在消费者数据隐私方面达到合规要求，不得不考虑退出欧盟市场。国内某自媒体平台也在考虑退出欧盟国家，虽然官方没有明确公布这一决定背后的原因，但据国外媒体报道，最大可能是基于对个人数据隐私保护的合规方面的考虑。

欧盟《通用数据保护条例》的实施对世界上越来越多的国家和企业产生了巨大的影响。企业对于个人隐私和信息数据保护的标准将越来越高，消费者对这方面的要求也与日俱增。

八、我们可以借鉴的经验

在个人隐私和信息保护方面，我们的企业必须不断复盘和反省自己的一些做法。

1. 信息收集过程

● 企业收集信息的时候是否征得用户同意？

● 企业有没有向那些没有数据保护能力的个人（如儿童）收集个人信息？

● 企业是否以合理、适当和合法的方式收集个人信息？

● 企业收集的信息是否符合"足够、有相关性，且不过多"的原则？

记住：企业收集的信息越多，保护数据的责任越重大！

2. 信息使用过程

● 企业是否合法使用和处理这些信息？

● 企业是否为"有限目的"使用这些信息？企业有没有将原本用于某种用途的数据用于其他用途？

为某种目的收集的信息不得随意用作其他用途。例如，在没有获得有关个人许可的情况下，将出于研究目的收集的个人隐私数据用于发送定向营销信息的做法在很多国家是严重的违法行为。

● 企业对于数据的保存和使用时间是否有明确的规定和要求？

3. 信息保护方面

● 企业是否建立了明确、合理的个人信息数据保护政策和系统？

● 企业有能力保护收集到的信息吗？或者说，企业有没有定期进行审计、建立严格的保护数据方面的能力？

● 在数据和个人信息保护方面，企业是否在组织架构的设置上符合国家政策的要求？例如，新加坡要求某些企业任命专门的数据安全负责人。

4. 信息转移过程

● 企业将从消费者及员工那里收集到的信息提供给服务代理商、供应商、零售商及其他第三方合作伙伴的流程和行为是否合法？

● 企业有没有充分检查第三方在隐私保护方面的能力并签署

数据使用和隐私保护协议？

●企业有没有将收集到的个人隐私信息透露和转移给没有业务需求或没必要知晓这些数据的第三方？

●为降低处理数据的成本，企业在将数据集中处理或转移到其他国家时有没有进行合规审计？是否符合当地的法律要求？

《通用数据保护条例》使欧盟成为世界上对于个人信息和数据保护最严格的地区。

近年来，世界各国纷纷效仿欧盟《通用数据保护条例》出台对于个人信息和数据的保护法案。

有人提出一种观点：过度严格的保护政策，限制了数字科技企业的发展，提高了企业的运营成本，给经济发展带来了消极的影响。就像美国安然、世通和安德信"丑闻"之后出台的《萨班斯－奥克斯利法案》一样，该法案的出台无疑给企业生产率和会计成本带来了一定的负面影响。

然而，当某些不法企业、机构或商人一再触碰社会良知和道德底线的时候，民众要求加强监管的呼声就会越来越高。

总之，做好一个企业、承担好企业的责任，从收集信息开始，就必须考虑企业的数据保护能力。个人信息数据是企业开展业务的资源，企业肩负着保护这些数据的责任，即使无意造成的失误和泄露，企业也可能需要付出惨痛的代价。企业对个人信息数据保护工作应该高度重视，中国出海企业在这方面依旧任重而道远。

第三节 反垄断与公平竞争，自由市场经济的"经济宪法"

很多企业都梦想能够成为行业的龙头，通俗来讲就是取得领先优势。传统意义上的龙头优势包括因为规模效应而掌握定价权，以及掌控产品更新换代的节奏，从而容易控制成本。随着大企业对资本的吸引越来越集中，也让"强者恒强"成为越来越普遍的现象。

然而，随着一些小型企业开始步入大企业的行列，反垄断问题将开始慢慢浮现。

一、公平竞争是反垄断的核心精神

广义的反垄断包括反卡特尔（Cartel）行为，卡特尔行为是指类似行业联合会的组织，企业通过组成商品行会来联合操纵商品，达到垄断市场的目的。

狭义的垄断行为比较常见，就是国际上所指的限制性商业行为。例如，在经济活动中，企业为牟取高额利润而进行合并、收购（属于狭义的垄断活动），或勾结起来串通投标、操纵价格、划分市场等不正当经营活动（狭义的限制性商业行为）。垄断对经济发展和技术创新的负面影响，用一句话可以很好地总结："大树底下寸草不生。"历史上，垄断带来的结果是中小企业主、农场主破产和广大民众生活恶化。为缓和社会矛盾，100多年前（欧洲出现得更早），世界各国纷纷出台反垄断规范，以保护消费者利益，鼓励适度竞争，促进企业公平竞争和技术的革新。

简单地说，反垄断就是为避免企业一家独大，导致出现店大欺客、非暴力欺行霸市等商业问题，而进行干预。抑制垄断最有效的方法就是鼓励市场充分竞争，从而让消费者在竞争中获得的商品价值及服务价值不断得到提升。

反垄断法以欧洲地区的法规和执行最为严格。亚洲国家的竞争法案大多不是靠内部力量驱使，而是在外部力量推动下制定的。例如，日本在"二战"后因外部因素（美国在战后对日本的经济进行控制，消除了日本财阀的高度垄断）制定了反垄断法，但在反垄断法出台后的相当长的时期内，并没有在真正意义上实施。

直到 20 世纪 90 年代，日本发现自己经济增长缓慢，竞争势头减弱，才开始重视反垄断问题。

我第一次近距离接触欧盟的反垄断政策，是在欧洲工作的时候。当时，我负责宝洁在中欧地区的人力资源工作。当时欧盟在进行一些反垄断方面的调查，应欧盟官员的要求，我们在办公区专门给欧盟调查员留了一间会议室，以便随时调取资料、查看高管人员的邮件和计算机记录。当时，欧盟官员调查的垄断案涉及三家企业（联合利华、宝洁和汉高），据说三家企业通过贸易协会来探讨如何使洗涤剂更加环保的同时，也谈到了一些价格方面的问题。欧盟官员认为，这三家企业抓住了由贸易组织推动的关于环境保护协议讨论的机会，组织了"卡特尔活动"，达成在减小包装尺寸的同时不降低价格甚至在后期提高价格的共识。

2011 年 4 月，欧盟监管机构宣布，对宝洁和联合利华罚款 3.152 亿欧元。鉴于这些企业承认参与"卡特尔活动"，在调查过程中公开透明、有合作意愿，欧盟监管机构将罚款下调了 10%。

事件发生后，宝洁立即将涉事高管人员辞退，同时进行了大量的关于反垄断和反不正当竞争的培训，其中一个严格要求就是：企业人员在任何国家参加任何行业协会会议时，务必得到企业法务人员的批准；参加协会会议的人员禁止与竞争对手单独会谈。同时，企业要求参会人员对协会会议讨论的记录进行复查，以确保不涉及潜在的垄断与不正当竞争行为。

二、涉外企业应该注意的反垄断方面相关的问题

国外的反垄断法的立法与实施有近百年的历史，涉及公平竞争的方方面面，主要目的是禁止在实践中削弱和阻碍自由竞争的行为。

近些年，中国在反垄断方面已经取得了很大的成效。

目前，多数中国出海企业还没有达到在当地市场处于垄断地位的程度，但这并不意味着我们不用为反垄断法的规定担忧，即使市场占有率比较小的企业，如果存在一些不当行为，也可能受到所在国反垄断法的制裁。下面是一些被禁止的企业行为的例子。

1. 禁止价格歧视

企业不得以低于成本的价格销售产品，排挤竞争对手，抢占市场份额。

企业不得将同一商品以不同的价格卖给不同的买主或分销商，从而造成价格不公平。

企业不得利用与客户的关系，鼓动其不公平地对待自己的竞争对手。

企业不得与竞争对手形成价格联盟。

2. 禁止附带条件销售或搭卖合同

在供应一种主要货物时，企业不得要求买方同时购买搭卖品（非暴力强买强卖）。

企业不得以合同方式要求客户按照其指定价格或者价格范围转售产品。

企业不得向特定市场内相互竞争的客户提供不同的竞争条件，使其获得不同的支持。

除法律特殊要求外，企业不得规定客户只能向某些特定的人或实体转卖其产品，或限制在特定区域内转售。

3. 禁止贸易限制及排他性合同

企业不得用影响和限制供应商或客户的方式来竞争。例如，与客户达成协议，要求客户不得销售其他竞争对手的产品，或要求客户必须从其购买全部或大部分产品。

企业对客户进行限制、组成协议同盟的行为可能导致控制价格、不公平竞争及垄断涉及的市场的结果。需要注意的是，垄断涉及的不只是指某个国家、地区的大市场，还可能是某个小市场，反垄断法的限制对象也不只是那些大企业。

4. 禁止可能抑制或削弱竞争的企业合并

当企业在某一行业的市场占有率达到一定规模时，该企业希望通过收购的方式继续迅速扩大市场占有率，在这种情况下的合并实质上可能削弱市场竞争，或者有垄断倾向。那么，其收购行为可能受到世界各国，特别是欧美国家严格的反垄断审查。相关政府可以用反垄断的名义拒绝批准收购活动。

例如，通用电气和霍尼韦尔的合并计划因欧盟的反对而未能完成。

5. 禁止不公平竞争和欺骗性行为

不公平竞争和欺骗性行为包括各种形式的欺骗性广告，或有损商业道德的行为。例如，有些国家明文规定，在没有可靠的统计数据和经过科学实验证实之前，不得将企业产品与竞争对手的产品进行对比宣传。

三、公平对待竞争对手

如何对待竞争对手，需要掌握好度与平衡性，既不能和竞争对手走得过近，也不能抱着"同行是冤家"的态度，甚至以不道德方式竞争。

这里举一个例子来更好地说明一些企业是如何处理这类问

题的。

很多企业为更好地了解竞争对手，不断收集和分析竞争情报。

2001 年，宝洁的竞争分析主管聘用了总承包商来获取竞争情报，后者又雇用了多达十二个分包商来收集美国市场洗发水业务的竞争信息，尤其是联合利华的业务活动信息。

但是，宝洁发现，不止一家收集竞争情报的企业从竞争对手的垃圾箱里收集文件，从而获取竞争信息。其中，还有从联合利华的美国业务总部获得的一些信息。

宝洁的时任首席执行官白波得知这些行为和操作细节之后，感到非常震惊，立即下令停止这种行为。随后，白波做了一件在美国企业中几乎闻所未闻的事情：他直接给联合利华写了一封信，说明自己员工的这种违规行为。为解决此事，白波本人致电联合利华联席主席尼尔·菲茨杰拉德，表示愿意承担责任，解决这一问题。

随后，白波亲自飞往伦敦，和联合利华就恢复公平竞争达成和解协议。宝洁采取以下措施来处理该事件：

- 解雇三名负责雇用竞争情报收集企业的高级主管。
- 承诺不使用从"垃圾箱"获得的任何信息。
- 作为和解协议的一部分，宝洁付给联合利华上千万美元作为赔偿。

出于对"做正确的事"原则的遵循，白波的决断不仅为企业避免了大麻烦，而且维护了宝洁在公众心目中的良好形象。

宝洁之后对员工加强了对待竞争对手的原则的培训和教育，包括：

- 不得通过不正当手段制造竞争对手的劣势来赢得消费者。
- 不得参与旨在损害竞争对手的行为。例如，在商店里不能弄乱和损坏竞争对手的陈列产品及广告材料。

- 不得向客户施加压力或用非法手段得到和客户有业务往来的竞争对手的保密信息。

- 不得诋毁竞争对手的产品或形象。

- 不得以盗窃、欺骗、误导、承诺或威胁等方式获得竞争对手的商业信息。

- 不得用竞争对手难以防范的方法获取其信息。例如，用无人机拍摄，记录竞争对手出货卡车的数量。

这些规定和做法一直在宝洁全球各地的分部得到贯彻。当时有一位宝洁中国工厂的厂长，在一次内部会议上向我们简单介绍了他参观某竞争对手生产线的情况，试图建议企业购买类似的自动化生产线。

负责该业务的总经理立即捕捉到了其中的敏感细节，连忙追问这位厂长是用什么方式进入竞争对手工厂的，以及是否表明了自己的身份。

该厂长详细介绍了情况，原来是生产线设备的供应商邀请他去看生产线的生产状况，而且之前已经和竞争对手打过招呼，进入对方工厂是以宝洁的名义并佩戴了员工牌。听到这样的解释，总经理才放下心来。

四、雇用竞争对手员工

很多人认为，雇用竞争对手员工是一个获得竞争优势的便捷方式——既可以快速获得自己业务所需的专业技术能力，还可以通过挖空竞争对手的关键人才在竞争中占据优势地位。

然而，从竞争对手挖人，稍不注意就可能违反一些国家的反垄断法。占市场主导地位的大企业从小竞争对手或新进入者那里挖走人才，风险更大。显然，雇用有行业经验和技术能力的人员无可厚非，但因为不正当竞争和反垄断方面的敏感性，企业必须在雇用竞争对手员工方面非常谨慎。例如，宝洁就有一个不成文的规定：在任何地方，雇用联合利华、高露洁等直接竞争对手的中高级员工务必获得企业全球总部首席人力资源官的批准。实际上，被批准录用的竞争对手企业员工的例子在全球范围内非常少。

在走出国门的初步阶段，大多数中国企业在海外市场上还没有获得市场垄断地位。然而，雇用竞争对手员工，无论是从文化差异、道德标准，还是从公平竞争及专有知识产权保护的角度，都有潜在的风险和需要特别注意之处。

除目标员工和前雇主之间有书面协议的限制之外，"偷猎"竞争对手的少量人才一般在绝大部分国家是合法的。但是，我们一定要注意以下雇用竞争对手的员工可能涉及的两个敏感问题：

- 恶性掠夺性雇佣，从而违反反垄断法。
- 侵犯专有技术和信息，甚至可能被指控为涉嫌窃取商业秘密的商业间谍行为。

1. 恶性掠夺性雇佣

掠夺性雇佣行为通常是指用正常的竞争优势之外的其他因素给竞争对手造成损害的行为来竞争。例如，一些企业宣称"挖得竞争对手无人用"，这种所谓人才战略即属于这种情况。

在美国，拥有垄断权（或具有垄断的"危险可能性"）的企业可能因存在掠夺性雇佣行为而违反对垄断（或企图垄断）的禁令。

掠夺性雇佣可能违反反垄断法，特别是当大企业从较小的竞争者雇用一个或一组关键员工时。这种违规判定的理论基础是：通过雇用竞争对手的员工，大企业可以实现或维持对相关行业的垄断。

在特定情况下，法院会针对掠夺性雇佣对雇主（企业）处以罚款，支持受害方索赔，其判定的主要条件是："雇用和获得人才不是为了使用该人才，而是为了打垮竞争者。"

例如，一家占市场主导地位的医药研发企业雇用了主要竞争对手的研发人员，却将其委以行政工作，但支付高于行政人员的研发人员的薪资。企业付薪雇用却"闲置"该雇员，明显是为让竞争者失去关键员工。

企业要避免陷入掠夺性雇佣的陷阱，有几点需要特别注意：

● 必须有正当的商业理由来雇用员工，而不只是试图借此打击竞争对手。因此，确保员工承担有意义的并与薪酬相称的工作任务。

● 确保雇用员工的计划有记录，以备不时之需，预防和应对掠夺性雇佣指控和索赔。

● 当企业的市场占有率较高时（有些国家认定市场占有率超过30%即处于垄断地位），从小竞争对手或新进入市场的企业那里挖走人才将面临较大的掠夺性雇佣风险。

● 当雇用一组员工而不是单个员工时，风险更大。同样，雇用高层管理人员或关键技术人员时，风险更大。

● 在与潜在的员工候选人会面时，请勿试图诱使其违反任何保密与竞业协议，或试图损害、打击与该员工雇佣关系仍有效的现任雇主。例如，在一个案例中，法院裁定，某企业使用仍在竞争企业工作的潜在员工，诱使其将客户从竞争对手那里转移到自己这边，因而违反了反垄断法。

● 即使没有不当意图，也不要将任何可能被曲解为暗示打击竞争对手的掠夺性雇佣动机的内容以书面形式呈现和留存。例如，在一个案例中，一位高管准备了一份文件，其中指出雇用某关键员工将使竞争对手受到打击。这份书面证物将大大增加企业处理反垄断诉讼的时间、费用和风险。

● 要求新员工签署竞业协议，以降低风险。此外，将新雇员的薪水略微提高而不要过高，以减少该雇员是受远超市场价格的薪资诱惑，从而被雇用来打击竞争对手的指控可能。

● 当存在潜在的恶性竞争时，竞争对手可提供掠夺性雇佣指控并获得法律支持。因此，当有其他涉嫌垄断的敏感问题时（例如，竞争对手已经提起诉讼或威胁要提起诉讼时），就应该对掠夺性雇佣问题特别重视，想办法规避。

2. 雇员同时为两个竞争对手工作

对于一个员工同时为两家竞争企业工作的情况，根据一些国家的反垄断法的规定，这些情况可能引起协调不当的问题，特别是涉及高级职员或董事时，可能引起"联手/联盟"问题，或者涉嫌违反反垄断法，被指控为两家企业联手垄断市场。笔者在这里不对这种情况进一步讨论。不过，企业在决定雇用竞争对手员工时，应与反垄断方面的法律顾问进行严肃的讨论。

3. 雇用竞争对手员工涉嫌知识产权方面的不正当竞争，甚至触犯经济间谍法

据说最早的经济间谍活动可以追溯到 6 世纪，当时拜占庭皇帝查士丁尼雇用两名教士访问中国，了解中国的丝绸生产并走私蚕卵和桑种，从而打破中国对丝绸生产的全球垄断。教士们用空心竹制拐杖将这些蚕卵和种子走私带回其国家。

随后，拜占庭取代中国成为世界上最大的丝绸生产国。当然，当时中国没有出台相关的知识产权保护法，也就无从谈及这一行为的法律责任问题。

几个世纪以来，工业间谍活动继续在许多国家的发展中发挥

着重要作用。18 世纪，法国对英国的工业和军事霸权感到震惊，于是派遣间谍窃取后者的工业秘密。

从 19 世纪开始，世界各国纷纷出台政策或法规，保护专利和商业机密。从此开始，窃取商业信息和专有技术在很多国家不仅是不道德的，而且是非法的。

1996 年，美国出台联邦法律《经济间谍法》，首次将窃取商业秘密定为联邦犯罪，并详细定义了商业秘密的概念，即采取"合理的措施"保护，并因"不为普遍知悉"以及公众不易"通过正当手段获取"而具有独立的经济价值的任何金融、商业、科学技术或工程信息。

同时，该法还规定了对经济间谍活动的处罚，违反该法将会导致数百万美元甚至更多的罚款和数年监禁，对将商业秘密转移给外国企业或政府的行为则有更严厉的处罚。

例如，1993 年，大众汽车被指控从通用汽车那里窃取商业秘密，被罚款 1 亿美元。

企业在雇用竞争对手的关键岗位员工时需要保持谨慎，因为可能在无意中已经陷入了窃取竞争对手商业秘密的违法风险之中。

关于这个问题，通常可能有两种情况：

- 有意雇用竞争对手的员工，以获取对方机密信息。
- 雇用竞争对手员工时太草率，未经核查，在无意中允许他们将前雇主的机密数据或技术带入新岗位。

第一种情况在很多西方国家都是非常重大的违法行为。

例如，波音雇用了洛克希德的雇员，这些雇员将专有文件带给新雇主。被发现后，波音为避免受到刑事起诉，不得不支付 6.15 亿美元的罚款。即便如此，波音的两位前高管仍被起诉并被判入狱。

风险是真实存在的，我们还在认为这不可能发生在自己身上吗？

信息安全服务提供商赛门铁克表示，离职员工中有一半保留了属于前雇主的信息数据，并且大多数人在离职时计划在新工作中使用这些数据。

当你要雇用员工时，需要非常了解什么是不合法和不道德的行为，并采取特定的步骤来确保自己不会陷入商业间谍或盗窃商业秘密的指控中。

五、我们可以借鉴的经验

雇主从竞争企业聘用关键岗位员工时，有几方面需要保证合法，以避免麻烦。

1. 了解什么是合法的，什么是不合法的

法律仅保护商业秘密，不保护员工的技能或常识。随着时间的推移，员工在工作中经过练习掌握的技能，以及一般员工在工作过程中学到的技术和信息一般不属于商业秘密。但是，如果这些技术或信息中的任何一种为雇主带来竞争优势，不为他人所知，并且受到企业的合理保护，则它们很可能被视为商业秘密。

商业秘密的范围可以从创建商品的独特过程（例如，可口可乐的独特配方）到看似无关紧要的细节（例如，关键客户的一些个人信息）。如果某个信息一直都是企业拥有的（无论多长时间），并且使其在竞争中处于优势地位，则法律很可能将其视为商业秘密，并禁止其他企业和该企业的前员工使用。

2. 从同一家企业雇用一群人时，风险会成倍增加

这时不仅面临多人泄露竞争对手机密信息导致的法律风险，还可能面临竞争对手提起的诉讼。竞争对手可以认为这种雇佣行

为是有意的攻击，因为这不仅使其短时间内损失大量人员，而且可能失去一系列专业数据和信息，是不正当竞争的一种形式。

3. 所有招聘广告都应以通用术语说明任职要求，避免任何可能被解释为争夺竞争数据源的用语和表述

如果企业需求针对特定的个人或群体招聘，请特别注意这一方面的问题。

4. 面试官要了解岗位需求和求职人员的情况

面试官应以企业招聘和技能评估清单为指导，在招聘中评估候选人自身的知识和技能（包括申请人有权获得的个人经验），同时向候选人明确表示，不希望他们透露竞争对手（特别是前雇主）的任何敏感信息，并解释原因。

5. 明确要求候选人在入职期间保持"干净"

在新员工入职培训期间，应强调"尊重他人专有信息权"方面的内容。与入职面试一样，这样做的目的是向新员工明确"干净"入职的重要性，并指出企业无意获取竞争对手的任何信息。

企业最好制定书面政策，警告所有员工不要使用在其他企业工作中得到的专有信息和数据。

例如，你在招募一名销售人员时，应聘者说："顺便说一句，我的每个客户都准备和我一起改变。"这时，你需要谨慎考虑甚至放弃该应聘者，因为这样的行为在很多地方可能是严重违法的行为。

6. 严格依照入职流程来确认新员工完成工作的能力，及其在职业生涯中积累的技能和常识

企业要仔细检查各种表格和合同，确保新员工在有疑问时

（特别是有关信息安全的问题）知道如何获得答案或解决问题。

7. 培训员工识别和判断超出规定要求的信息

尽管企业尽了最大的努力，新员工还是可能在无意间透露有关前雇主的敏感信息。重要的是，企业所有员工（不仅是主管和招聘经理）都要能够识别超出规定要求的信息，并及时、稳妥地处理。

8. 在企业内进行有关"商业秘密"的培训，并提供有关前雇主企业工作信息的可公开度的标准和示例

如果员工认为自己可能已经接触了秘密信息，企业必须给出具体的操作方法。最重要的是，如果员工有疑问或担心出现模棱两可的情况，企业应指导或告知其如何正确、合法行事。

9. 制订适当的"净化"（脱密）计划

企业预先做好准备要比问题发生了再后悔要好得多。因此，请假设企业已尽力而为，但仍会遇到新员工"传染"信息（无意中透露信息）的情况。此时，企业首先要做的是了解事实——被泄露的信息是什么、信息是何时被泄露的、信息是如何被泄露的、信息在组织或系统中的传播程度如何，以及信息是否被使用、如何被使用，等等。除非可以确认该问题微不足道，否则要立即咨询专业法律顾问。

10. 当专有信息流出问题发生时及时采取正确措施

如果确定是意外事故或员工违规而导致专有信息流出，那么企业将面临风险管理与道德指控的双重风险。符合道德的选择也是更明智的选择，企业自愿向专有信息和技术所有者承认和公开

情况通常会受到赞赏，其结果往往比不作为甚至掩饰更好。如果对信息泄露的受害方保密，等到最后事实浮出水面，企业将不得不面对更严重的后果，甚至可能引发诉讼。

11. 建立尊重知识产权的企业文化，从竞争对手企业雇用员工时，确保竞争对手的专有信息和技术不会被泄露和利用

企业和组织中的每个人都要了解尊重商业秘密和其他专有数据的重要性，这对于企业日常工作、员工行事方式及交流互动都有重要影响。

在面试来自竞争对手企业的员工的过程中，务必确保招聘人员理解并遵循以下原则和指导：

- 务必和应聘者讨论有关竞争对手专有信息保护的企业政策。
- 禁止使用未经竞争对手授权的数据。
- 在询问和了解应聘者当前的工作时，务必确保不让其透露现雇主的商业秘密。
- 在必要情况下，获取应聘者与前雇主之间的任何限制性协议的副本，以了解具体情况。
- 如果你决定雇用来自竞争对手的人员，就在录用通知书中明确提出，该雇佣协议可能因应聘者带来、使用或不当披露前雇主的机密信息或专有信息而终止。
- 与应聘者签订协议，使其保证未非法取得前雇主的商业机密信息，也没有意图公开、泄露或使用这类商业机密。

在反垄断法执法严格的国家，因员工盗窃前雇主知识产权引发的诉讼既昂贵又费时，企业要确保从竞争对手雇用的员工受到适当的监督，并且定期进行检查，以确保其没有使用前雇主的信息或采取被其与前雇主签订的协议限制的做法。

为确保聘请的来自竞争对手的人员不会携带前雇主的商业秘

密和其他受保护的信息，通常建议企业和其签订类似保证书的协议。

保证书

致××公司（招聘方企业名称）

我正在向××公司求职，我向您保证：

我愿意承担您正在考虑招聘的职位的岗位职责，而不会违反我对任何其他个人或企业的保密义务。

我已经完整披露了我在过去工作中签订的所有保密协议、发明转让及其他限制性合同的信息。

我不会向您透露或在未来的工作中使用任何其他企业的机密信息，也不会携带、使用或披露任何属于其他个人或企业的材料或信息。

我了解不遵守××公司关于保护机密信息的政策可能导致严重的纪律后果，包括解雇甚至法律制裁。

日期：_____

签名：_____

反垄断和反不正当竞争的立法和执法在欧美和一些发达国家已经比较成熟，我们必须牢记企业既不能和对手进行恶性竞争，也不能与其走得过近，避免形成垄断联盟而触犯反垄断法。

本章花了大量篇幅讨论雇用竞争对手的员工，其中很重要的一个原因是之前提到的大陆法系与海洋法系的区别。欧盟在反垄断和不正当竞争方面的规定极为严格，对于什么可以做，什么不可以做，相对来说，在文字上规定得比较清楚。而在海洋法系国家，企业就需要进行更多的研究，基于道德和先例来做出判断和决定。在如何对待竞争对手以及雇用竞争对手员工方面，英美等国有一套非常复杂的价值体系作为指导，这也是中国企业可能面临潜在风险的原因。

出海企业必须充分理解和掌握各国关于反垄断及公平竞争方面的规定，不要在不知情的情况下违反当地的法律规范而造成损失。从企业文化建设的角度来说，一个永恒的原则就是——己所不欲，勿施于人。

第八章

雇佣关系及跨文化劳资关系管理

看过获得奥斯卡最佳纪录片奖的电影《美国工厂》的朋友，可能对福耀玻璃创始人曹德旺说的一句话印象深刻，大致意思是说："如果工会进来了，我就关门不做了。"这部影片非常全面地展现了一家中国制造企业去美国办厂面临的挑战，包括文化差异、员工关系及劳资关系的管理。福耀玻璃非常成功地应对了这些挑战，我会以福耀玻璃为例对劳资关系管理进行分析。

除了劳资关系挑战，走出国门的中国企业还会碰到因劳务外包产生的"共同雇佣"、外派员工的工作签证等一系列问题。在接下来的篇幅里，我们重点谈谈如何远离各种风险，保护企业和员工。

第一节　跨文化劳资关系管理

管理好劳资关系，带来的不仅是避免工人罢工造成的停工损失，而且能够提高员工对企业的忠诚度。

谈到劳资关系管理，在西方社会的概念里就是处理如下图所示的"员工—工会—公司"三角形劳资关系。

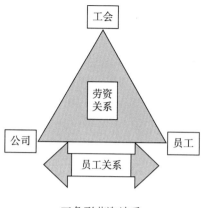

三角形劳资关系

欧美国家的工会制度和中国的工会制度有着非常大的不同。

在很多欧美国家，工会是一个营利机构，代表员工和企业谈判，以员工交纳的会费作为收入来源。在很多国家，企业听到工会就非常头痛，因为伴随工会而来的通常是谈判、停工、罢工，以及敌对的劳资关系等。

关于欧美国家的工会制度，曹德旺曾经向《新京报》表示，欧美国家的工会制度不适合制造业发展。

有人可能会问：我的企业不属于制造业，属于科技企业，我又不出去设厂，工会与我有何关系？

我们不要以为工会只会影响制造型企业，即使像亚马逊这样的企业，在德国也会因为工会问题而屡屡陷入工人罢工的困境。

有人可能会问：不就是工会吗，为什么这么紧张？

如果了解欧美关于工会的基本法规及其历史，就能理解为什么西方国家的企业提到工会就十分紧张。

要回答这个问题，让我们先看看世界主要市场的工会现状及其在企业管理及经济活动中的作用和影响。

西方国家工会的宗旨与中国工会大不一样，两者在不同的历史时期发挥的作用也不一样，需要辩证地看待其为社会和经济带来的积极和消极的影响。

在历史上，工会推动了对工人阶层的保护，特别是在为底层劳动者争取基本保障方面起到了非常重要的作用，敦促企业不断地提升人性化管理水平、改善员工的工资福利、加强劳动保护。工会在一定的历史时期起到了非常重要的积极作用。

绝大多数西方国家的工会是营利组织，有些国家的工会是非营利性的，但对工会成员或工会领导人有特殊保护。工会要极力让会员觉得加入工会、缴纳会费是物有所值的，为此有时候向企业提出过度要求，或者作为第三方过多地涉足企业管理。这样一来，工会可能让企业负担加重，管理效率低下，不可避免地降低劳动效率，甚至丧失竞争力。

因此，一些国际企业尽力改善工作环境，提升管理水平，给员工创造一流的工作环境和劳资关系氛围，以确保企业跟员工之间的关系是直接、透明和高效的。同时，企业对待工会问题非常谨慎，明确工会管理原则，在条件允许的情况下，让员工尽可能不成立工会。

即便在西方国家，不同国家的工会体制也有许多不同。接下来，我们对世界主要经济体的工会做一个简单的介绍。

一、美国工会

美国工会以行业工会为主，例如，汽车行业工会、航空行业工会等。

在美国，绝大多数工会是营利性组织，向会员收取会费，帮助会员和资方谈判，谈判内容涉及员工的工作安全保护、薪资、福利、休假、员工雇佣关系等方面。

工会会员从工资中拿出一部分作为工会会费，企业需要配合工会自动从员工工资里扣除应该支付给工会的会费。在有工会的企业里，非工会会员的员工因为受益于工会的集体谈判，所以会被自动扣除"分摊费用"——工会负责集体谈判和集体合同的费用。

值得注意的是，美国最高法院在 2018 年判决公共机构的工会让企业自动扣取非工会会员员工的分摊费用为非法，也就是说，工会不得强迫在公共机构服务的普通非工会会员员工缴纳任何名目的费用。有学者认为，这将是数十年来最影响工会集体谈判权的重要裁决。

美国法律有明文规定，企业不得对工会活动进行干预或打击报复。因此，只要员工申请成为工会会员的人数达到一定比例，企业就不得阻止工会的相关活动。例如，如果某工会组织获得企业 30% 的非管理人员的签名同意，就可以在企业内组织由全体非管理人员参与的投票，来决定是否成立工会；而如果工会获得了超过 50% 的非管理人员的签名同意，则不需要投票，直接在企业成立工会。

企业不得干预员工在非工作时间、非工作场所讨论工会事宜或从事工会活动。

美国法律也明确规定，企业不得干预员工加入某个工会的选择权。

关于工会会员的资格，在欧美国家以及和欧美工会体系相似的国家，企业管理人员不能加入工会。

总体来说，美国企业，特别是制造型企业，大多不愿意工会介入企业的管理或运作。因此，美国企业想尽一切合法的办法阻止工会进入企业。工厂厂长及人力资源经理的一个重要任务就是保持"工厂无工会"的状态。

二、欧盟国家的工会

欧盟各个国家的工会组织大体相似，但因为各国的经济和劳工运动的发展情况不同，工会的模式稍有差别。

欧洲是现代资本主义的发源地，特别是工业革命后，工会运动风起云涌。工会起初受到政府的强力压制，但经过多年努力，还是在改善工人雇佣条件方面做出了很大贡献，为工人争取到了每周五天工作制、最低工资、带薪休假及缩短工时等权利。

谈及欧洲国家的工会，不能不提到德国工会。德国工会的模式是社会市场经济模式的典型体现。这种经济模式力图把市场自由原则与社会公正原则结合起来，建立有宏观调控的社会市场经济；主张建立伙伴式劳资关系，在劳资关系的管理上平衡市场机制和法律规范的作用，依靠全面的社会保障体系、广泛的工人参与来维护社会公正和公众福利。

相对来说，德国在市场经济体制国家中，是劳资关系较好的国家之一，其劳资关系体系严谨，法律规范。德国劳资矛盾解决的渠道较为完善，较少见到因劳资关系引发的罢工和停工。

因为德国拥有先进的技术和高端制造业，所以中国企业喜好购买德国设备或与德国制造企业合作。我们必须了解，德国法律规定股东大会下设董事会和监事会，董事会具有象征意义，而监事会权力非常大，包括对企业管理人员的任命、重大决策的表决等。经过工会多年的争取，工人得以进入监事会，所以收购德国企业不能忽视工会力量的存在。

德国规定，工会不得在企业里活动，但企业员工可以加入工会。德国最主要的工会形式是行业工会，各个行业工会和行业协会之间在行业层面上的集体谈判仍然是决定员工工资和待遇的主要途径。工会一般不会与特定企业签订单独协议。例如，如果某行业工会与行业协会通过谈判签订合同，将工人工资增加 5%，则其将把增加工资的幅度落实到其覆盖的每个企业中。

这种主要发生在行业而不是工作场所的集体谈判，被视为德国工会系统的优势之一。它使冲突尽可能保持在工会和行业协会之间，而非具体的企业工作场所。这样，雇主和工作场所员工代表（劳动委员会）还可以进一步保持和发展合作关系，而不是如美国工会那样直接谈判，从而给合作关系带来负面影响。

在德国，只有在集体谈判框架下进行罢工才是合法的，罢工只能由工会召集，个人没有罢工权。一旦双方达成集体协议，工会就不能再举行罢工，因为集体协议中包含和平条款，禁止在生效后采取罢工行动。在新的集体协议谈判的过程中可以进行警告性罢工或象征性罢工。而在罢工期间，工会需要给会员支付罢工津贴（约为工人平常工资的 60%），因此一般行业工会不会选择罢工。

从文化角度来看，德国工会和美国工会非常不同，德国工会相对更好合作，但对行业的影响力更大，而美国工会主要是对单个具体企业产生影响。在德国，如果不能很好地管理劳资关系就可能导致冲突。例如，亚马逊在美国被作为创新和就业的源泉，受到各方支持，但在德国就不同了。德国是亚马逊的第二大市场，但近年来亚马逊在德国的劳资关系方面麻烦不断。自 2013 年以来，德国亚马逊的员工不断举行罢工。

德国亚马逊在反工会方面的立场与美国总部一致。亚马逊美国总部认为，工会对企业的创新潜力和动力产生不利影响。德国亚马逊首席执行官拉尔夫·克莱伯表示，企业不需要工会，因为该公司是负责任的雇主。

德国工会则表示，亚马逊引入了一些美国式的、与欧洲规范不一致的商业习惯——特别是对工会的抵触，反对仓库工人组织工会，这与德国的工会文化格格不入。

　　根据美国工会管理原则，亚马逊将工会视为一个第三方（中间人），从给员工排班到订单处理流程和包装流程，这个第三方都想拥有发言权，试图打破企业管理层和员工之间直接沟通和管理的关系。亚马逊管理层坚持对员工直接管理而不是通过第三方，认为第三方介入会降低库存商品周转能力，影响顾客的体验。从长期来说，工会介入会拖累亚马逊为增长进行内部创新。

　　因为这种理念上的冲突，德国工会经常在亚马逊业务的高峰期（例如，圣诞节和新年期间）组织针对亚马逊的罢工。2019 年圣诞节，德国服务行业工会威尔第（Verdi）组织了针对亚马逊的罢工，目的是迫使这个电子商务巨头承认和遵循适用于其他零售企业的集体谈判协议。

　　对亚马逊来说，更棘手的是，这些工会活动很多时候在欧盟国家间跨国联合进行。例如，2016 年 9 月 30 日，来自捷克、法国、德国、卢森堡、斯洛伐克和西班牙的代表在亚马逊位于卢森堡的欧洲总部前抗议，要求亚马逊承认工会的合法活动。

　　与此形成鲜明对照的是，亚马逊在美国成功地挫败了工会的努力。由此可见，即使是欧美国家，在工会文化和管理形式方面也存在明显差异。不仅在工会管理方面，亚马逊在"放眼全球，着眼本土"的本地化方面也略显缺失，所以亚马逊在线零售在世界上很多国家（包括中国）的运营效果不够理想。

　　亚马逊的例子，是走出国门的中国企业需要学习的一个很好的反面例子。出海企业尊重企业所在地的文化，遵守当地法规，建立一个"放眼全球，着眼本土"的高效海外团队非常重要。

　　欧洲其他各国的工会活动也非常活跃。例如，2018 年中期，因为抗议法国政府修改劳动法，法国工人举行了大规模的游行抗议活动。法国总统马克龙推动对劳动法进行修改是为了刺激经济，赋予企业更大的灵活性和自主权，继续为劳动力市场"松绑"，以提升法国经济的活力和增强国际竞争力。但是，这一改变遭到一些工会和工人的反对。

在法国生活过或赴法国旅游时碰上罢工活动的人可能都深有体会，法国人"一言不合"就游行，给民众生活带来很大的影响，特别是公共服务部门的罢工。例如，2018年上半年的法国铁路工人大罢工历时3个多月；巴黎大众运输企业三大工会也为了支持铁路职工和捍卫公共交通服务举行大罢工；法国航空公司工会也宣布发起罢工，要求平均加薪6%。大罢工使法国综合交通运力大大降低，一些线路甚至停运，这无疑给民众出行乃至日常生活带来了极大的不便。

在过去几十年里，欧洲大部分国家颁布了诸多增加社会福利、削减工时的政策，如延长和增加带薪假期、缩短法定工作时间，将社会福利保障推向高潮。随着长期的劳资双方的斗争，很多欧洲国家处于高福利、短工时的状态。在经济下行期，国家财政无法支撑高福利的时候，工人想从企业和资本家手中将福利拿走就变得艰难，工会等组织在这种博弈中就起到了很关键的作用。

欧洲工会强力渗透到每个大企业中，管理工会的能力是企业在欧盟国家运作的一个基本能力，做得好的话将成为一种竞争优势。

工会管理和劳资关系在欧洲是一个敏感而重要的企业管理议题。2008年，我在负责宝洁中欧地区人力资源工作的时候，宝洁在欧洲不同国家有不同的工会组织，不同国家的工会组织交流很频繁。

有些工厂虽然没有工会，但我们仍非常谨慎，不希望让工会渗透到企业的日常运作中。管理劳资关系很重要的一点就是建立合理的沟通机制。所以，每年我们都会组织一次叫作欧盟论坛（EU Forum）的大型沟通会议，辅以日常沟通渠道，实际上是建立一个沟通平台，跟员工沟通。各个国家的宝洁分公司及工厂选举一些员工代表，每年前往宝洁欧盟研发中心总部所在地布鲁塞尔开会。会议的主要议题是与员工代表沟通企业的重要计划及发展方向，以及一些可能对员工影响比较大的组织和业务变化，企业用欧盟论坛这个沟通平台同员工代表就企业管理的各方面问题充分进行沟通。

当年时逢金融危机，大部分企业都极力在各个领域控制成本，削减出差费用是大企业最常见的节省开支的做法。但是，为准备一年一度的欧盟论坛面对面交流会，我负责的中欧地区的人力资源团队每年都需要飞去布鲁塞尔好几次，参加企业的欧盟论坛准备会。

当时，我刚到欧洲，并不了解欧洲工会管理方面的情况，非常不理解在企业的出差费用异常紧张的时候，还要大张旗鼓地搞欧盟论坛之类没有什么实质业务目的的活动。当时负责中欧地区的业务总裁不支持我们派很多人去布鲁塞尔开会，因此我尝试以费用紧张为由取消或减少为此出差的次数和人员数量。

身处日内瓦的宝洁欧洲总部劳资关系负责人很快给我来了电话，告诉我务必确保人力资源经理和员工代表参加这个会议。他还顺便给我上了一课，向我解释了欧洲劳资关系管理的重要性和管理原则。

我们的欧盟论坛实行轮值组织主持制度，2009年刚好轮到我来负责组织当年的论坛。这次会议的规格非常高，参会人员将近200人，主要是来自各国的员工代表。

虽然没有外部人员参加，但整个会议的组织要求非常严格，除了基本的餐饮住宿，因为欧洲各国有10多种不同的语言，所以我们还需要高价请同声传译人员将会议内容实时翻译为各国语言，以确保各国来的员工代表能够顺畅交流。

会议的发言人包括企业总裁、分管不同业务部门的副总裁，以及分管人力资源工作的地区副总裁。在会上，员工代表有时会提出一些很尖锐的问题。例如，一位员工代表向公司总裁提了一个问题："你刚才介绍我们公司面临一个巨大的挑战（时值金融危机），销售低迷，成本居高不下。那么，公司为什么不削减你们这些高管的工资、福利和奖金？"面对这样的问题，主持会议的总裁需要当着200多名与会人员给出令员工代表满意的答复。

除了一年一度的欧盟论坛，企业在组织方面的一些重大变化，如果影响到欧盟国家企业的运作，我们都需要通过各国人力资源总监以书面形式通知欧盟论坛成员，确保大家理解，然后将员工的反馈发回总部进行确认，之后再向全体员工发布变革措施。在这种频繁的沟通过程中，各级人力资源经理和员工代表建立了非常紧密的联系，大大降低了发生罢工和其他劳资关系问题的风险，为企业在欧洲的业务运作打下了很好的劳资关系基础。

西方工会其实是一把双刃剑，在历史上起到了推动提高工人待遇、改善劳动条件、加强劳动保护、实现体面劳动等积极的作用。然而，出于政治、经济方面的原因，西方工会的主张可能与企业和政府的需求形成对立局面——工会认为政府和企业不管分配、只管经济增长，而政府和企业认为工会只管分配、不关心经济增长。

三、亚洲主要国家工会

亚洲主要国家工会基本上分为两类：第一类工会和中国工会相似，工会是帮助政府协调企业和员工之间的劳资关系，建立和谐的生产经营环境的桥梁。例如，越南、新加坡等国。第二类工会类似欧美工会，尽最大的力量为工人争取权益，和企业的立场相对。例如，印度尼西亚、菲律宾、泰国、韩国及印度等国。

1. 越南工会

越南工会体制和中国工会大同小异，越南法律规定符合条件的企业必须成立工会。企业工会受上级工会领导，企业按员工工资总额一定的比例扣除工会费用，工会费用一部分交给上级工会，一部分留作企业工会活动经费。工会的职责主要是参与管理员工福利相关的事项、处理员工违纪问题、协调企业与员工之间的关系，确保企业正常合法运作。

2. 印度尼西亚工会

印度尼西亚工会势力相对比较强大，而且通常会卷入国内政治斗争。2018 年，印度尼西亚的 GDP 增长 5% ~ 6%，但工人工资增长达到 10% ~ 20%，这与工会过度保护工人、举行大规模游行罢工有非常大的关系。

自由港麦克莫兰铜金矿公司（Freeport – McMoRan Copper & Gold Inc.）是美国在东南亚投资最大的采矿企业。2011 年，印度尼西亚工会组织该企业员工举行长达三个月的罢工，企业管理层最终同意为工人两年加薪 37%；2017 年，工会再次组织为期三个月的罢工，导致该企业股价大跌。

除了矿产企业，其他行业（包括消费品企业）也深受印度尼西亚工会之扰。例如，2012 年，全球鞋业巨头耐克与工会谈判 11 个月，被迫为工人支付 100 万美元的加班费，这也引起印度尼西亚各地新的加薪与工会运动浪潮，随后波及其他国际品牌在印度尼西亚的工厂。

印度尼西亚工会活动与政治联系非常紧密，直接影响政府的很多决策，如劳工法、最低工资标准，甚至对外关系。

由于中国和印度尼西亚之间具有复杂的历史问题，中国企业在印度尼西亚除了要面对劳资问题，还要面临其他当地企业无须面对的问题和困境。

有些印度尼西亚工会组织成为政治斗争的工具，如 FSPMI（金属、电器和机械工人联盟）和 KSPI（印度尼西亚工会联盟）。在 2014 年大选期间，这些组织抹黑（甚至印传单）总统竞选人佐科·维多多。

2017 年，在雅加达省长选举期间，有谣言在社交媒体上流传，声称有包括中国劳工在内的千万名非法劳工涌入印度尼西亚，抢走了当地人的饭碗。这些谣言企图将中国劳动力进入印度尼西亚的问题政治化，加剧选举紧张局势，打击华裔政治领袖钟万学。钟万学是佐科·维多多任雅加达省长时的副手，在 2014 年 11 月 19 日正式代替佐科·维多多担任雅加达省长。

由此可见，印度尼西亚工会不仅是代表工人争取利益的组织，还是与政治紧密结合的团体。近年来，已经出现了多起当地工会组织的针对中国企业的罢工游行事件。

因此，中国企业在印度尼西亚这样的市场更需要了解基本规则，千万不要涉嫌违规运作，否则将给企业的整体形象带来严重的负面影响。

3. 泰国工会

泰国工会的力量也是非常强大的，其组织遍布全国。泰国工会的运作体系和欧美工会类似。

对于争取工人权利和社会福利，泰国工会起到了积极的作用。泰国的一些社会福利方面的制度，如"90 天产假制"和《职业安全和卫生法》，都是工会争取到的。

泰国最近这些年没有太多的大规模罢工事件，中国企业也没有受到太多的罢工冲击。但是，考虑到泰国工会的历史，工会的影响力相对来说比较强大，中国企业还是要做好自己的工作，创造良好的劳资关系环境，防患于未然。

4. 菲律宾工会

菲律宾工会体系是美国殖民时期的产物。依据菲律宾法律，如果参加工会的人数达到一定比例，工会就有权在企业进行工会活动，企业不得对其进行阻止，并且工会可以履行集体谈判的职能。

当菲律宾成为"亚洲四小龙"的时候，菲律宾工会非常强势，工会活动非常活跃，对企业和经济的影响很大。

最近20多年来，由于经济不景气，菲律宾政府的首要任务是保就业，吸引外商投资，因此工会的整体影响力受到很大的打击，在集体谈判和组织罢工方面已经不具备谈判主导权。在菲律宾，工会组织罢工需要得到政府批准。因此，总体来说，中国企业在菲律宾面临的工会方面的风险在可控范围内。

5. 韩国工会

相对来说，韩国工会在历史上组织了较多的罢工、游行示威事件。

韩国的工会领袖非常有权威，这种权威来自其长年为工人争取利益而得到工人的认同，以及韩国人对年长资深人士的尊敬。我以前在参加劳资关系研讨的时候，有位韩国同事告诉我他和工会打交道的经历：一位工会领袖在谈判过程中，为表示自己不让步的决心，甚至用刀砍断自己的手指。对于在韩国运作的中国企业，劳资关系的重要性由此可见一斑。

6. 日本工会

有人说，如果企业一定要有工会的话，日本企业的工会是西方企业向往的理想模式。日本人认为，企业是一个家庭，老板就是家长，家长肯定会考虑员工的健康和工资福利。只要员工好好干活，企业发展得好，老板自然会给员工涨工资、涨福利。在这一理念指导下，工会被认为是企业的一个重要成员。日本工会多数是企业工会，工会非常维护企业，认为企业垮了工会和员工也就没有了，双方是唇齿相依的关系。

在日本，员工通常兢兢业业，敬业度和忠诚度非常高，员工晋升和发展的通道明确。同时，企业对员工的关怀无微不至，在员工培训上投入不菲。这样的劳资关系氛围，是很多西方企业梦寐以求的。

20 世纪八九十年代，很多美国企业大力研究日本的企业管理之道，将日本企业的"全员参与"与"员工自治"等概念应用到自身的管理改进上，取得了非常好的成绩，也帮助美国企业实现了全球化的高速发展。

中国企业去日本投资，建立劳动密集型企业的可能性不大，但日本企业良好的劳资关系管理模式，员工、工会和企业和谐共存，由此造就一大批国际一流企业，确实是走出国门的中国企业需要大力学习的地方。

7. 印度工会

印度最大的全国性工会是成立于 1970 年的印度工会中心，是世界工会联合会的成员。该组织在受印度共产党影响比较大的印度东北部和西南部的一些邦有一定的影响力。其总部位于新德里，有 320 万名成员。

印度的制造业高度工会化，印度目前已经登记在册的工会组织多达 8 万多家，这还不包括大量分散在许多行业中的、尚未登记的工会组织。

在印度，工人组建和加入工会并参与集体谈判的权利源自中央和地方立法，受法律保护。印度的许多工会组织受政治领袖影响，给企业的集体谈判带来不少困难。

印度工会组织非常活跃，罢工活动频繁。例如：

丰田在印度的摩托车公司因为工人罢工造成了高达 12 亿卢比（约合人民币 1.2 亿元）的损失。

2012 年，铃木的一个印度工厂因工会活动关闭，重新开始生产之后，其产能只达到预计产能的 10%。

印度 IT 产业巨头塔塔顾问服务公司因为解聘一批员工遭到一些工会组织的反对。

2014 年，印度政府通过《煤炭条例（特别规定）草案》，通过电子拍卖的形式配置煤炭交易，此举可能导致一些工人的工作受到影响。许多煤炭企业工会组织工人罢工，进而影响到整个国家的煤炭甚至电力供应。

为抗议莫迪政府提出的公共部门企业私有化、拟修订《工会法》等一系列被认为是"反劳工"的政策，印度 10 个全国性行业工会在 2019 年 1 月 8 日发起全国大罢工。罢工活动为期两天，工会组织称全印度有约 2 亿人参与了此次抗议活动。部分地区的抗议活动演变成危害人身安全的暴力事件，发生不同程度的打砸商铺、抢劫银行、焚烧汽车、打砸公共设施等暴力行为。

虽然印度有大量廉价劳动力，但外国工作人员签证难、本地劳工效率低、劳动法律纷繁复杂、存在各种投资管制，企业还要面临非常严重的劳务用工问题。特别是制造、基建工程和服务业这些劳动密集型产业，工会罢工将带来巨大的问题。

综上所述，全球的工会及工人运动等劳资关系问题往往非常复杂，不能管理好工会和劳资关系，对企业的经营活动会带来非常大的负面影响，有时对企业的影响甚至是具有致命性的。对走出国门的中国企业来说，这也将是一个非常大的挑战。

四、工会运动与民粹主义

工会运动全球化、很多国家"民粹主义"及贸易保护主义抬头，这些让劳资关系问题变得更加复杂；工会运动与政治运动相结合，给企业的劳资关系管理带来新的挑战。

OPPO 印度公司员工罢工事件是一个典型的劳资关系和民粹主义导致的群体罢工事件。2017 年 3 月，OPPO 印度公司的一位中方经理将一页印有印度国旗的张贴材料扔到垃圾桶，遭到印度员工抗议。（印度人有一种自发的爱国情结。有一次，我到印度出差，坐在餐厅吃饭，突然发现身边所有人都庄严地站起来。原来电视里在播放印度国歌，播放国歌时大家必须停下手中的活，庄严地聆听。由此可见，印度人对国歌、国旗的敬重。相关要求也体现在印度《防止侮辱国家荣誉法》的相关规定里。）

一些原本就有怨气的印度员工，将这位中方经理无意的行为放大成为中方管理人员亵渎印度国旗，事态迅速升级。在 OPPO 工厂附近发生了大规模的抗议活动，社交媒体也出现抵制中国手机的声音。中国驻印度大使馆和印度当局不得不出面。OPPO 采取行动，解雇了据称"侮辱印度国旗"的中方经理，将问题的根源归结于沟通误会，这才得以将事件平息。

据印度民主权利人民联盟调查，2018 年 11 月底，负责为 OPPO、小米生产手机的 Hipad Technology 公司裁减 200 名合同员工，导致 1000 多名员工参与发动骚乱，警方不得介入。

事件源于 Hipad Technology 公司使用了一家劳动力承包商。由于原材料短缺，该公司要求对方数周内不要供应工人。Hipad Technology 公司的经理没有很好地与员工进行沟通，只是粗暴地要求员工不要来上班，加上员工对工资、工作时间和福利待遇有所不满，从而引发了骚乱。

警方和保安人员称，1200 名员工因为管理层"解雇"了他们的同事却没有发出任何通知而制造了冲突。Hipad Technology 公司的管理层坚持认为，劳动合同明确规定厂方可以要求临时工不要在没有被通知的情况下来工作。据称问题的根结在于沟通不畅，信息传达有误。

这些事件看似是简单的信息传达问题，但从印度媒体和民众在社交平台的反应可以看出，中国企业在海外市场难以避免民粹主义带来的问题。关于这些事件的报道，印度媒体反应强烈，诸如"OPPO 你怎么敢这样做"和"抵制中国手机"之类的标签一直久居社交媒体热榜。

企业外派的管理人员跨文化管理方面的能力不足，也导致劳资关系变成一个高风险领域。

值得注意的是，随着社会劳动力的组成和产业性质、工作性质的改变，传统的蓝领工人与白领工人的界限已经变得逐渐模糊，工会的覆盖对象已经从传统的蓝领向白领延伸。越来越多的国家开始将传统的白领工作也纳入工会或者劳动法覆盖的范围之内。例如，最近新加坡也将传统意义上的属于知识型岗位的白领和初级管理人员纳入劳工法的保护范围；印度 IT 行业过去不在工会权益覆盖范围内，现在也开始出现工会活动。

随着产业的发展变化，工会将慢慢渗透到各种企业，所以不要认为传统的制造业等劳动密集型企业才会受到工会的影响，新经济行业中的劳动者（例如，IT 行业的非管理级别岗位、呼叫中心和服务中心的工作人员、在线零售从业人员、送货及售后服务人员）也会成为工会的覆盖对象。

企业出海面临的挑战非常艰巨。现在很多国家都有民粹主义倾向，其中不乏中国企业的目标市场，这是中国企业在海外运营可能碰到的障碍。这就要求中国企业在企业管理、劳资关系、企业文化建设等方面快速与国际接轨。

我在这里花了大量篇幅讨论工会问题，是出于以下三个原因。

（1）各国体制不同，中国工会与其他国家工会的情况大不相同，中国企业在劳资关系管理方面缺乏相应的经验和应对能力，这也是出海企业一个亟待完善的方面。

（2）各国文化背景不同，中国企业在管理上还有很多方面需要与国际接轨，包括管理理念、员工沟通方式、企业与员工关系管理等，这些差异往往会导致误解，让企业与员工之间问题演化成企业与员工和工会之间的问题。

（3）出海企业的管理者常常对当地的法律缺乏深入了解，在劳资关系方面留下隐患，进而影响到企业的品牌形象甚至中国企业的整体形象。

当出现劳资关系问题时，企业可能会付出非常高的代价：劳动生产率下降、管理效率受影响；员工与企业之间的信任关系遭到破坏；员工对企业的忠诚度和归属感降低……除了这些软性的间接损失，一旦发生罢工、抗议活动，企业受到的打击可能是非常致命的。例如，不能及时交货，企业会面临巨额赔偿、罚款。如果企业长期停工，就不得不停止运营。由此可见，一个良好的劳资关系管理体系对企业来说至关重要。

五、如何提升劳资关系管理能力

劳资关系涉及企业管理的方方面面，对整个企业的管理能力来说是一个巨大的挑战。这里简单介绍一下企业如何提升劳资关系管理水平，提升企业和员工的直接互动，从而降低国外工会组织对企业带来的负面影响。

管理劳资关系涉及当地的劳动规范、文化、管理人员的能力、员工沟通系统、员工意见反馈与投诉处理机制、企业管理制度、职业安全和职业健康与卫生的管理、员工违纪处理流程等。

为更好地了解工会与劳资关系管理，接下来以大家熟悉的美国前总统奥巴马夫妇的制作公司制作的纪录片《美国工厂》讲述的中国企业福耀玻璃在美国俄亥俄州工厂的劳资关系管理的故事为例，深入分析如何提升劳资关系管理水平。

福耀玻璃在美国俄亥俄州雇用了近 2000 名员工，是一个典型的劳动密集型制造企业。俄亥俄州是一个相对比较保守的中西部州，但工业发达，是美国的"工业之都"。10 多年前，我恰好在美国俄亥俄州学习劳资关系和工会管理，因此对当地的工业和工会的状况有所了解。福耀玻璃在美国的工厂是利用通用汽车在 2008 年关闭的一家工厂建设成的。

电影《美国工厂》里谈到美国行业工会，其主要职能是为地方企业基层员工提供集体谈判服务，以及游说议员，影响立法。汽车及汽车配件行业在美国有一个历史悠久的工会——汽车工人联合会（United Automobile Workers，UAW），非常强势，特别是在俄亥俄州。

汽车工人联合会除向工人收取会费外，其收入来源还包括培训、房地产、基金投资等。这个颇具影响力的工会被称为"世界上最具有战斗力的工会"。对汽车工人联合会来说，福耀玻璃是一个极为合适的渗透对象，其原因如下：

来自中国的企业必然存在员工关系、管理理念上的冲突。而且，中国企业对美国的劳资关系环境不熟悉，缺乏和美国工会打交道的经验。福耀玻璃属于劳动密集型制造企业，工人人数众多（当时是 2000 多人，计划增加到 3000 人以上），一旦成功进入其中，庞大的会员费对工会来说是相当可观的财务回报。特别是，福耀玻璃刚进入美国市场，在很多方面并不规范，让工厂充满

"致命要害"。

事实上，美国职业安全与健康管理局曾收到由多名福耀玻璃工厂工人联名发出的投诉信，投诉福耀玻璃没有完善的"挂牌上锁"制度和设施（挂牌上锁是工厂安全生产必需的安全制度，就是在设备检修时必须挂上警示牌，将电源开关上锁，以确保安全）。为此，美国职业安全与健康管理局因安全违规向福耀玻璃开出一张22.6万美元的罚单。

这些易受攻击的弱点和漏洞将成为工会进入企业最好的切入点。

电影《美国工厂》显示了汽车工人联合会通过各种渠道进行宣传——报纸、传单、在福耀玻璃工厂外面的路上摆摊设点、举牌声援、上门拜访工人家、与工人一对一地沟通……其目的就是获得更多工人同意，这样就可以依法成立工会。

福耀玻璃花重金聘请了一个专门提供劳资关系管理咨询的第三方顾问企业，为其提供了一套解决方案：

● 利用各种渠道和形式与员工沟通，包括举行会议、进行一对一交流等。

● 让员工知道汽车工会的本质，特别是工会存在腐败和滥用职权的问题，从而降低员工对工会的信任。

● 给本土员工提供明晰的职业发展和提高薪酬的渠道，让员工清楚地看到自己的职业未来，增强对企业的信任和归属感。

● 教育员工利用法律维护自己的利益，让其知道没有工会一样可以维护自己的利益，而不用白白付会费给工会。

● 在宣传活动方面，福耀玻璃非常低调，都是在工厂内部与工人直接沟通，没有公开的大规模社交媒体宣传或者市场活动。

● 福耀玻璃充分抓住了与工人直接沟通的优势，在工厂内散发宣传材料，宣传和抨击汽车工人联合会存在的腐败问题，鼓励工人反对其在工厂设立工会机构。

- 寻求政界人士支持。
- 改善员工的工作与生活环境，拉近与员工的关系：斥巨资在工厂建造员工餐馆，为工人提供可口的食物；管理人员利用和员工一起吃饭的机会，在轻松的氛围中听取工人的意见与反馈，保持与员工的互动；组织员工答谢活动，感谢工人及其家属对工厂的支持。
- 对管理人员进行工会管理方面的培训，特别是从中国外派到美国的管理人员。

《纽约时报》在 2017 年 11 月 9 日报道：福耀玻璃和汽车工人联合会之间的拉锯战从 2015 年开始持续了一年半之久。福耀玻璃工厂的工人投票，以 868 张反对票对 444 张支持票的悬殊差距，成功将工会拒之门外。

"这家中国玻璃制造商在俄亥俄州击败了工会，赢得了一场重要的胜利，这是对中国企业在美国投资经营时的劳资关系管理水平的重要考验。"

"我们很高兴、我们的员工选择与企业保持直接联系，"福耀玻璃美国总裁 Jeff Liu 在一份声明中说，"我们尊重员工支持或拒绝工会的权利，也钦佩他们勇于拒绝工会为增加自己的收入而进行的尝试。"

在劳资关系管理顾问公司的帮助下，福耀玻璃成功地把工会挡在美国工厂的大门之外，堪称经典范例。

为更好地管理劳资关系，我建议在企业成立一个由企业高层管理人员组成、由企业人力资源部门领导的劳资关系管理委员会。

管理委员会定期对企业的人员管理系统进行复盘，同时制定一个劳资关系问题及弱点分析清单，定期进行复盘和提出改进计划。

劳资关系问题主要针对以下方面进行盘点和分析：

●全面回顾企业过去在管理系统方面的问题，重要制度是否合法？

●与员工沟通是否到位？例如，福耀玻璃管理人员和员工一对一交流，召开员工大会（曹德旺亲自在员工大会上和员工沟通）。

●企业是否对所有管理人员都进行了劳资关系及人员管理方面的培训？

●企业领导层在员工（及工会）面前是否树立了积极正面的形象？

●企业管理人员是否有需要关注或改进的方面？例如，中方外派员工是否太多，是否称职？他们是否对当地文化、习俗缺乏了解？

●如何衡量企业管理人员与员工的关系（开放、融洽还是敌对、等级分明）？

●企业的员工工资、福利制度是怎样的？

●员工中的意见领袖是谁？员工有什么诉求？

●员工有负面情绪的时候，企业是否具备信息双向反馈的渠道，让管理层及时掌握员工的动态，将问题解决在萌芽阶段？

●企业有哪些特殊利益群体需要关注（例如，残疾人、"三期"女员工、工伤事故受害人、倒班工人）？他们的主要诉求和问题是否得到了解决？

●企业在未来一年是否会发生影响劳资关系的变化？例如，裁员、薪资调整、工作时间变动、工作强度变化。关于这些变化和可能引发的敏感事件，企业有什么应对措施？

● 如果企业有工会的话，需要关注：

工会领袖的个人特质及经历如何？

企业管理层与工会领袖的关系怎么样？

企业应对工会的策略是什么？

企业管理人员是否努力加强或改善与工会领袖之间的关系？

● 认真了解"反血汗工厂运动"（anti‑sweatshop movement），确保企业的运营没有违反相关领域的国际通行做法（包括最低工资、加班、童工、职业安全与健康、工人补偿或产业规范等），承担"企业社会责任"，特别是在生产体系中制定"企业行为守则"，并建立监察机制，从而达到消除血汗工厂、促进社会公正的目的。

根据对以上方面的评估和盘点的结果，制订相关的改进计划。

劳资关系是一个非常专业的领域，国外的成功企业往往有非常专业的劳资关系负责人和丰富的工会管理经验。对于开拓海外市场的中国企业来说，如果在这方面能力欠缺，一个非常有效的方法就是聘请专业的人力资源和劳资关系顾问，帮助企业建立和完善劳资关系管理系统，从而将劳资关系风险转化为竞争优势。

第二节 "共同雇佣"风险——区分劳力外包与业务外包

在接手宝洁东南亚地区的人力资源管理工作的时候，我学到的第一课就是发生在菲律宾的一桩关于"共同雇佣"的法律官司。

这个案件是由一家跨国企业多年前遗留的问题引起的。该企业在菲律宾的分部沿用当地市场的惯常做法，将销售终端（例如，商场促销员）的工作外包给专门的合同承包商。因为需求发生变化，80多位外包合同工的工作岗位被取消，合同承包商终止了与这些员工的劳动合同。

接下来的几年，这批外包合同工开始起诉该企业，认为他们在此期间应该属于该企业员工，应该享受企业全职员工的工资和福利待遇。前两轮仲裁和初级法院的判决，判定这些员工不属于该企业。

最后，这些前外包合同工上诉到菲律宾高等法院。经过漫长的调查和讨论，菲律宾高等法院裁定该批外包合同工的"共同雇佣"主张成立。法院的判决理由是，承包商没有大量资本或投资，属于"劳动力外包"，而不是"业务外包"，因此该企业应被视为共同雇主。该企业需要支付这些合同工在此期间的工资福利、利息及其他费用共计超过 1000 万美元。

这个案件反映出的是企业人力外包管理中存在的问题。在这个领域，区别业务外包与人力外包的性质非常重要。业务外包是对事不对人，由承包方提供劳动力、生产工具的整块业务工作外包；而劳务外包的承包商一般不提供生产工具，工人也不能离开发包方的工作现场来工作。在国外，管理不当的话，这两种模式都会给企业带来风险，但劳务外包的风险显然更大。在人力外包方面的管理疏忽，将给企业带来巨大的损失。

一、警惕共同雇佣

我在这里先说明一个很重要的法律概念——共同雇佣，这是一个对我们来说比较陌生，但对在海外经营的企业来说意义重大的领域。

对于出海企业来说，在刚到一个新的国家、新的市场时，存在很多不确定性。当业务还没有顺利开展的时候，外包可能是一个比较好的选择。

1. 企业可以获得更好的服务，可以专注于开拓市场，经营核心业务

当企业进入一个新市场时，找到合适的人选既困难又耗时，这时人事代理机构可能会有帮助。例如，人事代理机构提供企业只需支付临时工薪酬的前台人员和大批一线销售人员。聘用外包员工，可以使企业节省开展业务所需的时间和资源，从而专注于业务发展。

2. 成本降低

拥有数量庞大的全职人员，对企业来说，意味着非常高的成本开支。据研究，包括带薪假期、病假工资、保险、养老金、离职补偿和法律要求的其他福利在内的雇员福利占企业总薪酬的二到四成（不同国家的比例差别很大），所以通过外包，企业可以减少迅速增长的劳动力成本和长期负担。

3. 外包对业务来说有更大的灵活性

即使成熟的大企业，也在不断采取外包模式来解决低端工作岗位的人力需求，特别是季节性工作。在企业发展前景不确定的情况下，采用人力外包的形式将会是不错的选择。在那些解雇员工需要支付高昂遣散费的国家（例如，在印度尼西亚解雇工作满一年的员工需要支付相当于两个月以上工资的遣散费，外加其他福利），以及按照法律规定对于解除劳动合同限制和要求比较多的国家，采用外包模式对企业非常有利。

然而，如果不了解当地市场关于外包的具体规定，企业很可能陷入"共同雇佣"陷阱，最后不仅达不到节省费用、提高灵活性的目的，很可能还会惹上没完没了的官司。

1999年，微软被独立承包商（外包合同工）告上法庭。经过几轮庭审，这起耗时8年的诉讼案以微软支付9700万美元和解费了结。

和许多软件企业一样，微软在常规核心员工中增加了一类工人，将其归类为独立的"自由职业者"，又称为"独立承包商"。微软向他们支付现金工资（有时甚至高于其他员工的工资），但没有为他们提供其他福利。

这些工人被雇用从事特定项目，执行编辑、校对、格式化、数据索引和软件测试等工作任务。微软让这些合同工签署协议，声明他们是独立承包合同商（或自由职业者），他们不在微软的员工福利计划之内，并且微软不为他们提供任何社会保障。

这里需要说明一下通常意义上的员工与独立承包商的区别：员工是从事企业定义的工作任务的人员。作为雇主，企业可以控制员工如何完成任务，以及需要得到什么工作结果。尽管员工可能有一些自由（例如，弹性工作时间），但企业有权管理和指导他们的日常工作。与此相反，独立承包商通常被雇用来完成企业指定的特定任务。这些任务是在没有固定雇佣关系的情况下完成的。因此，企业不应该控制他们完成工作的方式。

微软的问题在于，它实际上并没有像管理独立承包商一样管理这些人，这些独立承包商并不像经营自己的独立企业。相反，微软将这些人混杂在员工队伍中：他们经常与其他员工一起工作，与普通员工一样向相同的主管人员汇报工作，在相同的工作时间执行相同的任务。同时，微软要求他们在现场工作，给他们配备了企业的门禁卡和员工牌，以及办公设备等。

当美国国税局对微软的工资税账户进行审计时，发现微软在工作中实际上将这些人作为雇员而非提供服务的独立承包商来对待，因此需要为这些员工缴纳雇员预提税。最后，微软承认应将这些人员归类为雇员。

微软为这工人支付了工资税和加班费，将其中一些人转为员工身份，给另外一些人提供了"选择"：作为新的劳务合同外包商的员工，可以放弃或继续为微软工作。该劳务外包商将工人视为自己的员工，向其提供工资单。

然而，微软要解决的法律问题还远不止这些。8名以前被错误分类的工人向微软索要自己作为独立承包商工作的时候应得的全额雇员福利。这些福利包括企业401（k）计划（美国的养老计划）的覆盖内容和员工折扣股票购买计划。这两种计划通常提供给普通全职员工，但不适用于独立承包商和外包合同工。

当微软拒绝要求后，这些员工提起诉讼，并在第九巡回法院上诉获胜。这意味着微软欠这些被错误分类的工人一笔不小的财产。这场诉讼案以微软支付9700万美元和解费了结，这还不包括微软需要支付的罚款等费用。

在此案例中，虽然这些独立承包商在书面上是受雇于其他企业给微软提供服务，但从微软当时的管理方式和用工事实来看，其难逃共同雇佣的责任。

二、我们从微软身上吸取的教训

究竟什么是"共同雇佣"？微软在管理方面有哪些缺失值得我们借鉴？

共同雇佣，即两个或多个当事方分担雇员的雇主责任。换句话说，当一名雇员有两个雇主，都对其有实际或潜在的法律权利和义务时，这种关系被称为共同雇佣。共同雇佣通常是"人员配备企业/人事代理机构/劳务外包机构"与工人签约，工人被派往企业提供服务，这样外包人员配备企业及其客户（企业）都可能被认为与工人有"雇主—雇员"的雇佣关系。

实际上，劳务外包/人员配置机构往往被称为主要雇主。当客户或"二级"雇主（用人企业）与该外包员工超越业务关系界限时，就会出现共同雇佣的问题。换句话说，客户（用人企业）对外包人员的控制超出法律允许的范围，就可能被视作共同雇佣，企业会被当作第二雇主而承担所有的雇主责任。

正如微软这起迄今最大金额的人力外包纠纷案显示的，使用和管理外包工人（临时合同工）时疏于监管、标准缺失，将会导致企业对外包员工承担很多额外的责任，还可能导致更大数额的纳税义务、处罚和其他制裁。

对于共同雇佣问题的重要性，还可以用一个例子说明。美国的共享出行上市企业优步（Uber）和 Lyft 股票曾一度大跌，其中很重要的原因就是美国加州出台了"共享出行企业必须将司机当作自己的员工而不是第三方合同工（或独立承包商）"的新规。这一法案的推出将给共享出行企业带来巨大的影响——想象一下，成千上万的出租车司机将成为平台企业的员工，企业必须提供长期福利（包括医疗、养老和社保）。对优步来说，这意味着仅在加州地区每年就需要额外支出近 5 亿美元的费用。其他地区可能会跟进出台类似法案，这样一来，共享出行企业的优势和前景将彻底失去。

对出海企业来说，如果对外包合同工的概念不够了解，不理解共同雇佣的定义和责任范围，在雇用外包合同工的时候就可能会出现大问题。

为避免共同雇佣风险，企业通常要检视用工方式和健全人员管理系统，确保自己不会被视为外包合同工的第二雇主而承担更多的雇主法律责任。企业通常需要做以下事情：

● 请律师或法律顾问合作起草并审查用工合同，不要一律简单接受外包企业提供的标准版本合同。

- 在合同或协议中，应明确雇主在合同人员配置中的具体责任。
- 要求外包合同工签署合同，明确其了解和认同其真实雇主的身份。
- 审查所有雇员福利计划，在计划和合同中明确企业的福利计划覆盖对象不包括外包合同工，详加说明该福利计划的适用范围。像微软那样只表示福利计划仅适用于"雇员"是不够明确的。
- 明确和完善企业管理制度，并防止企业超越其管理界限，避免共同雇佣风险。

如何完善公司管理制度，避免共同雇佣风险呢？

1. 控制企业管理边界，以防止越线，导致共同雇佣风险

企业需要注意的是，如果控制欲太强，那么共同雇佣将是一个很难避开的风险重灾区。仅让工人签署承认其独立承包商或者临时外包合同工身份的协议，不能使企业从法律层面脱离对工人的雇佣责任。

企业必须确保负责管理外包人员（外包、派遣、自由职业者）的每个人都理解，他们不能以对待员工的方式去监督或控制外包人员。企业必须将更多的管理权和控制权交给人员配置机构（外包企业），包括招聘、绩效管理、日常工作任务的委派和解雇等。企业必须信任供应商，并且将控制权交给对方。

2. 定期审查临时合同工合同，以排除"长期短工"

很多与共同雇佣相关的案件都存在一个问题，法院在裁定某人是否是企业雇员时会看雇佣关系的实质，而非合同规定的形式。因此，如果一个员工作为临时工被雇用，但其工作期限被延长，

即所谓的"长期短工或短工长用",那么法院可能会判定该员工是企业雇员。在前面提到的微软案中,微软雇用了3000名长期短工(独立承包商),并确立了一项政策,规定所有临时工的受雇时间为12个月。而且,微软每次委派给他们的任务至少要100天才能完成。这些就是法院判定那些合同外包员工事实上是微软普通雇员时依据的关键信息。

在有些国家,法律规定临时合同工的工作应该不超过一定期限(例如,一年)。也就是说,在临时工被雇用一年期满之后,必须终止其在企业的任务,隔一定的时间后才能继续雇用,否则可能被视为企业的长期全职雇员。

3. 仔细选择人力资源外包企业

在选择临时工或外包合同工的提供者时,一定要记住,企业最终要对外包合同工(临时工)的行为承担责任。在大多数情况下,雇用外包合同工的企业会被视作雇主,所以企业必须确保自己选择的外包企业符合和遵守法律规定和道德标准。

为此,企业可以从审查人力资源公司的雇佣材料着手,其内容包括但不限于雇员手册、雇员健康和安全信息、信用报告、推荐人背景,以及在过去可能存在的诉讼历史。

缺乏这些资料审查工作,企业可能很难预测到潜在的问题。例如,企业因没有处理好与外包企业雇用租赁员工的相互关系而承担共同雇佣风险。在本章开头提到的案例中,某企业在菲律宾输掉官司的一个重要原因是,外包服务承包商的外包资质(外包企业承担业务外包服务的资本、设备和流动资金等)存在问题,而企业没有及时发现和处理,而导致其承担共同雇佣责任。

另外要注意的是,很多国家规定,如果外包服务企业出现问题,雇主企业也要承担风险。例如,美国一家已经停止营业的外包合同工租赁企业在美国几个州都有业务。2002 年前，该企业一直以非常专业的面貌运营。后来，由于保险市场紧缩，员工福利保险的费用过高，所以该企业决定向员工提供虚假的员工福利保险证明，而且不交工资税。在这家企业突然倒闭前，它已经欠下500 万美元的账单未能支付，以及一大堆未执行的诉讼裁决。这些诉讼使许多从该企业雇用外包合同工的企业需要承担员工离职补偿福利和未支付的税赋等费用。

由此可见，确保与一家遵守税收和保险要求、信誉良好的代理商打交道非常重要；如果该机构无法支付外包合同工的工资税或拖欠支付工人工资福利，雇主企业将不得不承担这些费用。

4. 企业有权控制外包工的日常工作吗

很多国家的审查机构使用各种测试方法来确定外包工是否是实质上的全职雇员，其中一个重要的衡量标准就是雇主对外包工的管理控制权。对外包工的日常管理涉及方方面面，企业必须像建防火墙一样，重视这些日常管理行为。

（1）工作场所。判断共同雇佣的一个核心依据就是"谁控制工作环境"。这些因素包括合同工/独立承包商是否使用企业的厂房和设备，外包雇员在多大程度上为企业的生产承担不可或缺的工作（核心工作）。这项工作如果有企业的全职员工也在做，更可能被认定为共同雇佣（类似同工同酬）。

（2）对外包工工作的监督及管理。检查企业或其代理人在多大程度上监督这些外包合同工或独立承包商的工作，企业是否有雇用和解雇的权力。如果企业具有雇用或解雇一个外包合同工的权力，则极可能被视作共同雇佣。

雇主企业要管理的是业务结果，而不是外包合同工本人，这一点至关重要！

（3）对完成工作任务的方式进行控制的权利。相关因素包括，工作任务要求的技术、手段和工具的来源、工作地点、当事人之间关系的存续，企业（雇用方）是否有权向外包合同工/独立承包商（受雇方）委派其他任务，受雇方对工作时间和时长有多大决定权。

例如，微软向外包合同工提供工作工具，如计算机、办公用品。这些"临时"外包合同工的工作由微软的管理人员分配、监督和衡量其时间及工作效率。这些控制权的掌握让微软很难逃脱共同雇佣的责任。

（4）工资福利及付酬方法。如果由企业（雇用方）决定外包合同工（受雇方）个人工作表现及其薪酬福利待遇、税务处理等，则很可能被视为共同雇佣。因此，雇主企业不要插手任何与外包合同工的工资福利相关的问题。

（5）其他与工作相关的工具及证件。工作工具由谁提供，特别是电子邮箱、名片等。有些企业为方便内部沟通，给外包合同工/租赁员工提供与企业员工相同的电子邮箱地址；有些提供和企业员工一样的名片，以方便这些外包合同工对外与其他的合作方沟通；有些企业为方便外包合同工/独立承包商进出办公场所，提供和其他员工一样格式和外观设计（含企业名称和标识）的员工门禁卡/工作证等——这些都可能成为认定共同雇佣的依据。

世界各国政府对共同雇佣有不同的规定。有些国家规定，只有特定工作才能外包。例如，印度尼西亚的《劳工法》规定，除保洁、保安、司机、矿场服务等少数工作外，不允许企业以劳务外包的形式用工。

对共同雇佣的定义及相关法规在不同的国家各有不同，其认定标准也比较复杂。但是，注意以上提到的这些方面，将对企业规避共同雇佣的风险有很大的帮助。

第三节　工作签证、商务签证及旅游签证

企业要严格遵守合规要求，保护跨境商务人员，避免其被列入各国海关、移民局的黑名单。

托马斯·弗雷德曼在《世界是平的》一书中，对于世界的变迁有一个很有趣的描述："在哥伦布发现新大陆之前，人们认为世界是平的。因为在当时的人们眼中，除了山川河流，世界就是一个一望无际的平面或者一望无际的平坦的海洋。"哥伦布经过长达一年多时间的航海探险，发现了新大陆。即便没有到达印度，他还是相信自己证实了"地球是圆的"。

20世纪90年代，随着互联网技术和航空业的快速发展，越来越多的人有机会进行全球旅行，全球一体化让弗雷德曼得出结论——世界是平的！

然而，近年来，贸易保护主义和民粹主义在有些国家抬头，贸易保护、关税纠纷、反移民、抵制外籍劳工的呼声日益高涨。

如果按弗雷德曼所说"世界是平的"，那么真实的世界更像是在一片"平坦"的大地上，用一个个栅栏围起来的大院子或者农场。按照保护私有财产的法律规定，越过这些栅栏即属于违法行为，栅栏里面的主人可以拿起武器保护自己的财产和利益。

世界各国政府在人口和劳工流动、移民管制方面的控制，就像这些栅栏的一部分。

对出海企业来说，严格遵守世界各国的移民签证政策，对于企业和个人的安全和信用记录都非常重要，而违反各国移民法的代价可能非常大。

让我们看一看新加坡的情况。

在2011—2014年大选期间，新加坡政府不断收紧外来人员的

工作签批准发放，甚至包括高学历背景的人员。2011 年之前，符合要求的外籍人士申请工作签证、永久居民以及公民身份非常容易，新加坡政府甚至主动邀请高学历的企业高管人士入籍。

2011 年大选，新加坡执政党人民行动党得票率比上一届选举跌 6%，是自新加坡建国以来一直执政的人民行动党得票率最低的一届选举。

越来越多的选民认为，执政党过于开放劳动力市场，引入外籍人士挤占了新加坡人的工作机会，特别是对一些跨国企业里印度裔高管大量聘用印度籍员工不满（以金融业最为突出）。于是，新加坡政府开始收紧工作准证（Work Permit，即劳工准证）、特别准证（Special Pass）及就业准证（Employment Pass）的发放，减少工作准证和特别准证的发放数量，提高就业准证的门槛。

同时，申请永久居民及新加坡国籍也变得越来越难。2015 年大选前一年，即便是一些世界 500 强企业在亚洲各国聘用高学历员工前往新加坡总部短期工作也变得相当困难。记得当时我们花很多时间和新加坡劳工部合作，为申请就业准证事宜与相关部门交涉。

新加坡在移民方面的管理非常严格。例如，持旅游签证或商务签证在新加坡工作，将被严厉惩处。我认识一位马来西亚朋友，因为学生时代在新加坡涉嫌非法工作被新加坡移民局驱逐，之后 10 多年时间再也没有拿到前往新加坡的签证，至今仍然不能来新加坡进行个人或商务旅行。

几年前，一家房地产企业在马来西亚有一个项目。为向新加坡人推销该项目，该企业在新加坡开设了一个销售展厅，从外国调了一批销售人员到新加坡展厅卖楼。这一行为被新加坡移民局发现，当时就将这批非法工作人员驱逐出境，而且在新加坡移民局永久留下了污点记录。据说，事后这批人提出要控告企业，最后企业赔偿每人 10 多万元了结。

这些问题的出现，主要是因为当事企业不清楚或不遵循各个国家的移民签证政策。在出国工作、旅行的时候，很多人以为只要有个签证就可以了。有了签证后，很多人只关注签证的有效日期，不太留意自己持有的签证类型，以及可以做什么、不可以做什么。特别是频繁出入一些国家的商务人士及外派工作者，就更需要注意，使用错误的签证，不仅会被遣返、罚款，还可能给自己留下永久的不良记录。并且，这种情况还会导致以后去其他国家因签证不良记录而被拒绝入境或入境后被遣返。例如，如果你申请美国、新加坡等国签证，就需要声明自己是否曾被任何一个国家拒绝入境。如果有的话，在签证申请时将会遇到很多不必要的麻烦。

一、旅游签证、商务签证及工作签证的区别

为说明问题的严重性，我给大家讲一个身边朋友的亲身经历，详细解释为什么确保严格遵守各国移民局的规定、合法使用签证这么重要。

多年前，因为工作需要，我的一位朋友去韩国首尔出差，参加培训。当时持中国护照办理出国签证还比较麻烦，所以他所在的企业都是委派一个专门的代理帮忙办理签证。当时，他在北京工作，但因为户籍在广州，所以由该代理在广州办理。办理签证的过程看起来一切顺利，他如期拿到了签证。

朋友一大早乘航班去首尔，同行的还有一位同事，该同事的签证是在北京申请的。到达首尔机场，朋友在出海关之前去了一趟厕所。等朋友过关时已经没有多少过关的旅客了。

朋友过海关时，海关官员问："还有其他人在哪儿？"朋友指着刚过关的同事说："在那儿呢。"海关官员把同事叫过来，检查了他

的护照，然后让两个人去一个房间，把护照交给另外一个海关官员。

两个人试图解释他们来韩国的目的，海关官员告诉他们签证出了问题，让朋友的同事选择留下来还是进海关去首尔，因为这位同事的签证没问题。于是，朋友让同事离开，至少可以找人来帮助解决问题。

朋友在海关办公室逗留了一小时后，被送到了机场的监禁室。

朋友在机场监禁室被关了一个晚上，其他在监禁室的人员很多在里面已经待了很多天。第二天，海关官员告诉他没问题，不用担心（朋友后来才知道，同事通过企业找到一名韩国议员担保，才得以快速解决问题）。两小时后，朋友被移民局官员带到机场，登上一架飞往北京的航班，被遣返回国。

在飞机上，朋友问旁边的一位韩国人签证到底有什么问题，原来签证打印出来的英文官方信息没问题，持有者可以自入境日起在韩国逗留 14 日，只是上面有一行较小的韩文手写文字，大意是"这是一个 29 人的团体"。

至此，朋友才明白原来签证代理办的签证是一个团体旅游签证，而他去韩国时并没有跟团体一起旅行，因此韩国移民局拒绝其入境，而且在签证页上盖了无效的章。

因为这个"无效"印章，他后来在旅行时被其他国家的海关盘问。他说明情况后，海关官员建议他换一本护照，因为这个"无效"章可能招致不必要的麻烦。

朋友没有任何不良记录或不良目的，却因为签证原因而招致很大的麻烦。我希望这个例子能引起大家对移民签证问题的重视，特别是各国政府都非常重视非法劳工的问题。

通常涉及跨国旅行和工作的签证，最容易产生问题的是对旅游签证、商务签证和工作签证的使用。

有些国家对中国开放落地签证或长期有效多次往返的旅游签

证。一些人为免去申请商务签证或者工作签证的麻烦，而滥用旅游签证，一旦被查出，将给企业和个人带来很大的麻烦。

2019年，泰国警方逮捕了许多来泰国旅游拍摄婚纱照的摄影师。这些摄影师持旅游签证入境泰国，专门为他人拍摄婚纱照。按照泰国移民局的规定，外国公民如持旅游签证在泰国从事与游客身份不相符的工作，将被视为非法劳工，受到法律制裁。

二、慎用旅游签证从事商务活动

旅游签证一般是为方便游客、发展旅游经济而设立的一种快速办理签证的方式。旅游签证通常适合前往国外旅游观光的旅客使用。旅游签证的持有者不能在旅游目的地国家从事劳务、商务等与旅游无关的活动，更不得从事非法活动。

一些国家，例如泰国，允许用旅游签证或免签从事一些简单的商务活动，例如，参加商务会议，但很多国家禁止这种做法。

印度尼西亚规定，东盟国家的公民在东盟内部私人旅游不需要办理签证，但进行商务活动，则需要办理商务签证。当时，我在宝洁的一些东盟国家的同事嫌办理商务签证麻烦，有个别菲律宾员工去印度尼西亚开会或参加商务活动时，利用东盟免签的规定，前往印度尼西亚。印度尼西亚移民局官员前往公司办公室突袭检查，将几位到印度尼西亚出差的菲律宾员工带到移民局，最后企业费了很大的劲才解决问题。

从此，宝洁严格规定，所有员工出差前往印度尼西亚务必申请商务签证，否则企业内部不予批准商务出差，违规者责任自负。

三、商务签证还是工作签证

商务签证和工作签证混淆，把商务签证当作工作签证来用也是一个常见的错误。

商务签证主要是签发给因公务或者个人原因去目的地国家从事投资、贸易、会议、展览等方面事务的人。所以，办理商务签证的人往往是去国外出差的商务人士，办理商务签证的旅客可以在外国进行商务活动，但不能在国外工作或从事非法活动。

那么，商务活动和工作的主要区别是什么呢？

短期的商务活动通常指不涉及任何可能被视为在当地劳动或有酬工作的商业关系。例如，出席会议、无偿培训、商业活动、调查商机和风险等属于商务活动，不涉及在当地有固定的办公场所，取得报酬。通常这种情况只需要商务签证就可以满足移民局的要求。

而如果在当地从事获得收入或补偿的活动（例如，在零售业工作、劳务承包、组装展品、从事全职或兼职活动），根据合同工作等将被认定为工作。在这些情况下，个人需要获得目的地国家劳工部和移民局批准的工作签证才能从事这些活动。

例如，前面提到的某地产商在新加坡设展厅卖马来西亚的房产。这些销售人员将因为在新加坡的销售成果而得到报酬，而且在企业提供的固定工作场所工作，和其他新加坡员工从事的是同样的工作，于是被认定为非法工作而被驱逐出境。

另一个例子发生在美国。

美国《世界日报》报道，一名持 B－1 商务签证的中国男子，在从底特律国际机场入境美国时，因海关和边境保护局（CBP）官员认定他到美国并非进行培训，而是工作，遭关押一夜后被遣返回国。

该男子表示，因为工作关系，他经常往返于中美两国之间，因考虑到并不需要长期在底特律总部工作，所以没有申请工作签证，而使用商务签证频繁出入。

他第一次从底特律入境美国时，移民局官员询问其来美国的目的，他回答培训，顺利取得停留许可，并于居留天数到期前飞返上海。

后来，他再度入境美国，入境时同样说是培训，美国移民局官员怀疑他到美国工作，就把他带到办公室进一步询问。这名男子拿出企业邀请函，证明自己真的是来参加培训，但未获认可。

情急之下，该男子提供了负责接机的企业助理的电话，让对方证明自己的身份，没料到对方接到移民局官员电话就直接回答他是来工作的。于是，该男子在次日被以非法务工为由遣返。

绝大部分国家对非法务工管理非常严格。而商务签证和工作签证最大的区别在于，一种涉及业务咨询或短期的业务关系，另一种允许外籍人士工作或获得收入。因此，在决定使用商务签证旅行之前，务必弄清目的地国家是否将这些活动解释为"工作"。

世界各国都有不同的规定，当事者需要遵循不同的流程来申请工作许可证。

以印度尼西亚在外籍劳工管理方面为例，有些特别需要注意的地方。

印度尼西亚在外籍人士申请工作签证方面的管制一向比较严格，在申请工作签证时企业需要提供企业人员及组织架构的信息，对能够拿到工作签证的职位及名称有非常明确的要求。这些岗位名称是很多年前定下来的，如今很多重要的岗位在这个清单上没有，于是企业不得不在清单上找非常接近的岗位来提交信息。这样做的话，一定要确保该人员的内部头衔、名片等信息与申请工作签证的信息完全一致。

某企业一位员工的工作签证由外部中介帮助申请，因为当地负责的同事没有足够的敏感性，导致申请文件里的头衔与个人名片和内部文件不太相符，被人投诉到移民局。移民局派人调查，最后该企业不得不重新申请，并接受罚款。

另外，印度尼西亚规定人力资源部门的负责人不能是外国人，因此一定要确保官方登记的人力资源部门的负责人是当地员工。

有人批评印度尼西亚移民局严查签证违规是为了罚款，但毕竟印度尼西亚政府在这方面有明确规定，因此任何违规行为都可能给企业和个人造成非常不好的影响。个别企业派驻印度尼西亚的管理人员，因为没有及时申请工作签证而不得不从一个酒店转移到另一个酒店，以逃避移民局查处，给企业和个人带来极大的法律风险，这是非常不可取的做法。

2019 年 1 月 24 日，印度尼西亚亚齐省首府大亚齐市一座火力发电厂的 51 名中国籍劳工，因工作内容与工作签证不符，被当局要求离开亚齐省。中国劳工在印度尼西亚非法工作的问题再度引发关注。

印度尼西亚媒体报道，当地民众对于中国劳工非法逗留印度尼西亚感到担忧和不满，关于印度尼西亚中国劳工的争论从来没有停止过。该国社群媒体曾流传有多达 1000 万名中国劳工在印度尼西亚工作，但被印度尼西亚劳动部否认。

2019 年，丹麦警方曾驱逐某中国企业在丹麦机构的两名员工。丹麦警方移民检查官员认定该企业相关员工未遵守有关居住和工作许可的规定，并将其中两名员工驱逐出境。

这些案例给我们敲响了警钟——除了从事比较低端的劳务工作的人员，即使是高端人才被派驻国外工作，也同样会遇到签证问题。我们也一定要了解当地的劳工法规和移民签证要求，并严格遵守。

在这一点上，有些企业的做法可以借鉴。例如，宝洁在外派员工之前，每次都会请专业的移民签证服务公司来评估员工拿到工作签证的可能性。对于工作签证，不同国家需要的申请材料不同，通常提前 2~3 个月开始准备申请材料，保证工作者本人到达新的工作地点之前将需要的文件准备好，例如，户口本、出生证、结婚证、毕业证、学位证书、无犯罪记录证明等文件原件。很多国家要求这些文件有英文翻译和公证，准备这些文件通常需要耗费很多时间，因此提前准备是非常必要的。

很多企业对于外派人员有丰厚的外派补贴，因此外派员工通常希望自己能尽早在新工作岗位上领取工资及补贴。工资发放通常是一个人在当地工作的重要证据。因此，除非确定员工拿到工作签证，否则不要在当地为其发放任何工资和补贴。

出于保护本国劳动力就业市场的原因，很多国家在给外籍员工发放工作签证方面设置很多限制，包括外籍员工的占比、个人的资历背景（一般来说要求在企业工作至少4～5年及以上的中高级管理及技术人才）、企业内的职位等。

出海企业在外派员工之前务必提前做好规划，充分了解当地针对外籍人士工作许可的相关规范。例如：

- 企业可以申请工作许可证的数量是多少？
- 外籍员工申请工作许可证有什么岗位和工作限制？
- 外籍人士工作许可证申请的流程是怎样的？
- 拿到工作许可证大概需要多长时间？

非法务工在很多国家都是非常严重的罪行，在这一点上走捷径是行不通的。因此，企业务必确保员工在当地开始工作之前有合法的签证许可，避免带来麻烦。

从长期来说，企业还需要建立国际一流的雇主品牌，从而更好地吸引本土员工。建立优秀的本土员工梯队，能为企业降低成本，避免移民工作签证方面的问题。而且，一流的本土人才将为企业真正实现"放眼全球，着眼本土"的业务和组织战略。

第四节　关注世界各地劳动法规

出海企业必须了解当地最重要的两个方面的法律——税法和劳动法。税法影响企业的成本与收益，而劳动法则规定企业运作与人员管理的有效性和合法性。

一、了解当地劳动法

总体来说，劳动法对企业限制少的国家，其经济活动比较活跃，企业家创业氛围比较浓。在这种国家，雇用和解雇员工比较容易，会在很大程度上降低创业者的顾虑。

例如，在新加坡、美国、瑞士及中国香港等国家和地区，企业与员工的雇佣关系没有太多的政策约束。

在员工和企业关系方面，这些国家和地区有一个共同点：当企业需要员工服务的时候，企业给员工发一封供职信，约定工资福利及责任义务。除此之外，政府在雇佣关系上并没有太多的强制要求。

有些国家甚至不要求企业与员工签订正式的劳动合同，但在雇用员工期间，企业必须保证按时足额发放员工的工资，交纳强制性社会保险，同时确保在雇用员工期间的任何人事决定没有歧视或其他不公平待遇。

当企业不需要员工继续服务的时候，只需按约定提前通知对方，类似我们通常说的通知期（大多数国家可以用代通知金来代替），即可解除雇佣关系。在新加坡和美国等国家，甚至没有规定企业需要支付解除雇佣关系的补偿金。

这些国家的逻辑是：如果能让企业运作变得更容易，就能创造一个好的环境来吸引企业到本国市场来经营；创造宽松的雇佣环境，能让企业在人员的雇佣方面变得简单和灵活，人才流动就能变得更活跃，这样就能够促使员工不断学习新知识、不断成长，让人才更容易向创新型企业流动。同时，这种灵活性会使更多的人愿意创业。

相反，在相对贫穷落后的国家和地区，政府在劳动法方面给企业的经营活动设置了很多约束，创业者在雇用员工方面有种种顾虑，外国企业在进入当地市场时也要再三权衡。于是，当地的工作机会变得越来越少，人们失业的概率变得越来越高，陷入恶性循环。

二、以案说法

世界各地的劳动法差异很大，在此不一一详述，只是希望给大家一个基本的概念。接下来，我给大家举几个典型的例子，具体说明这些区别，以及企业该如何应对。

在印度尼西亚，劳动人口众多，而经济发展和企业创新却一直不尽如人意。当企业解雇违纪员工的时候，一旦员工诉诸法律，则企业需要继续向该员工支付工资和福利，直至诉讼结束。如果企业胜诉，从胜诉日起，企业才可以解雇该员工，终止劳动关系；如果企业败诉，企业需要继续雇用该员工，或者赔偿高额费用来协商解除劳动关系。

几年前，我在新加坡参与处理一位印度尼西亚籍外派新加坡员工违纪的问题。当时，该员工欺骗公司，将个人费用作为公务费用来报销。按照企业政策，这属于可以立即解除劳动合同的情况，于是企业决定立即解雇该员工。

但是，该员工是从印度尼西亚外派来新加坡的员工，公司与该员工在印度尼西亚有劳动合同关系。该员工回到印度尼西亚后，向印度尼西亚劳工局起诉公司。后来，在当地法务人员的建议下，经过反复权衡，宝洁最后决定与该员工协商解除雇佣关系，赔偿了一笔费用。

这是因为，如果官司继续打下去，短则半年，长则一年，弄不好会拖更久。印度尼西亚在劳动法方面对违纪行为的处置非常宽松，这样可能导致诉讼时间被拖长，而且胜诉未定，企业的潜在损失很难计算，不如解除劳动合同、赔付补偿金为好。

然而，这样一来，难免形成对不良员工的过度保护，从而对组织文化形成腐蚀，对营商环境也带来负面的影响。

另外，在裁员或者协商解除合同的补偿方面，印度尼西亚的法律规定非常严格，规定员工工作每满一年，在裁员时企业需要支付 2 个月的薪水和其他费用。

我们再来看看越南的情况。

越南的劳动法和其他法律基本上属于大陆法系，按照法律条文来处理相关问题。例如，当因员工违纪（甚至欺诈问题）解雇员工的时候，企业需要衡量该员工的违纪行为给自己带来的损失，如果损失没有达到越南劳动法规定的金额，那么解雇行为将被视为不当解除劳动合同。越南的这一规定就是非常典型的大陆法系的特征。

这与很多普通法系的国家截然不同。例如，在英美两国，企业解雇员工的出发点非常重要，如果证实员工有欺诈行为，不管损失多少，企业都有权做出自己的判断和处理。

出海企业在劳动用工方面面临的挑战非常普遍，企业的管理者及人力资源工作者要深刻理解不同国家的劳动用工方面的法律以及当地的约定俗成的处理惯例，这对于企业在海外经营至关重要。

前几年，在美国加州，我参与处理解除劳动合同的事情。当时，因为业务调整，公司不得不终止当地企业与一些员工的雇佣关系，按照企业内部的补偿方案对这些员工予以离职补偿。

受影响的员工尽管有些失望，但多数表示理解，而且认为这一处理方式合情合理，只有当地的财务负责人反应非常强烈。

"我当初加入企业的时候，人力资源部的同事告诉我，如果组织重组、企业关闭将提前六个月通知我，现在只给我两个月的通知期，是违反合同约定的，"他说，"加州法律规定，口头协定也是属于受法律保护的有效协议。如果我起诉企业违反合约，在美国聘请律师打官司是非常昂贵的，所以我希望我们能讨论一个更好的方案来协商解决。"

"我不记得有这样的讨论，我也绝对不会做出这样的承诺，应该不是我答应你的吧？"我问道。

"不是你，应该是詹姆斯，当时还有另一位员工在场。"他回答说。詹姆斯是企业人力资源部的一位员工。

我当时还真有点紧张，我不确定詹姆斯答应过他什么事情，而且他提到有另一位员工在场，如果真打起官司来，来来回回的差旅费、律师费倒真是一笔不小的开销。同时，我也理解加州合同法规定的口头承诺是受法律保护的，但也知道其前提是承诺人必须有权力或被授权做出合法的承诺，这样的协议才是有效的。

这个时候，如果我按照他的思路去核实谁说过什么，将会变得很被动，弄不好其他受影响的员工还会找上门来。

"我相信你的话。我想问一下，作为企业资深的财务高管，你理解企业的授权规定，而且负有督促相关人员遵守这些规定的责任，对吧？"我问道。

他回答："是的，我理解企业的授权规定。"

"那么，你应该理解，有权力做出与雇佣相关决定的人，除我之外没有其他人，你的供职信也是我签署的，对吧?"我问道，"换句话说，企业的任何一位员工，包括一位前台专员都可以告诉你，他可以给你涨薪50%，但我相信这在法律上是无效的!"

我接着说:"我之前也处理过很多美国境内企业有关终止雇佣关系的案例，我相信企业目前的补偿方案高于法律要求的标准，对大家也是一视同仁的。作为一位资深财务人员，你应该了解并有责任帮助企业执行企业的授权政策，如果你坚持要针对企业采取法律措施，我们也会收回现在的这个补偿方案，以不胜任工作为由解除合同。如果你坚持自己的观点，企业就会认为你没有执行财务负责人基本职责的能力。你考虑一下是接受现在的方案，大家好聚好散，还是用我们大家都不愿意看到的方式来解决。"他考虑良久，决定签署解除劳动关系的协议。

在实际工作中，不管在哪个国家，了解和理解基本的法律体系和相关规定是非常有必要的。

第五节 用社会责任提升企业的全球竞争力

随着互联网自媒体等各种信息平台的发展，全球化处于加速的趋势。相比之下，今天的信息传播速度和信息量呈几何级增长。品牌形象和企业形象的建立或毁灭也呈现加速状态。在这种背景下，社会活动人士的活动与主张，也会对企业产生不可忽视的影响。

社会活动对企业的影响以美国最为明显，其主要原因与前文提到的美国司法体系有关:普通法系的法律给予法官和陪审团的裁量权比较大，而社会道德、行为标准及过往判例对案件的判决有较大的影响。因此，社会活动人士的活动对企业在社会责任方面的压力会变得更大。

一些社会活动代表被大多数人认同的道德标准诉求，对企业的社会责任起到了积极的推动作用。因此，我们今天看到的很多"最受尊敬的企业"的典范是企业和社会内外合力推动的结果。

一、善用企业社会责任，树立积极正面的品牌形象

企业承担社会责任，从而为业务的可持续发展奠定良好的基础。汤姆斯鞋业（Toms Shoes）就是一个非常好的例子。

国内的朋友可能对汤姆斯鞋业比较陌生，但其在美洲是业界的一个标杆企业。这是一家成立于 2006 年的营利性企业，设计和销售鞋子、眼镜、咖啡、服装和手袋。

汤姆斯鞋业创始人布莱克·米科斯基在 2002 年访问阿根廷后，发现缺少鞋子是导致儿童健康问题的主要原因，于是产生了创立企业的想法。他决定为美洲市场开发一种在阿根廷很流行的帆布便鞋，每售出一双鞋将为阿根廷和其他发展中国家的青少年免费提供一双新鞋。

汤姆斯鞋业的商业模式被称为"人人分享"模式，其业务遍及阿根廷、埃塞俄比亚、危地马拉、海地、墨西哥、卢旺达、南非和美国等国家。后来，汤姆斯鞋业的业务超越生产和销售鞋的范围，将眼镜和服装也纳入产品线。在营销上，该企业采用口碑宣传，将业务重点放在企业社会责任上。

汤姆斯鞋业在 2007 年启动了一个年度"无鞋一日游"活动，鼓励人们一日不穿鞋，亲身体会没有鞋穿的儿童生活的艰辛。

2011 年，全球有 500 多家零售商开始销售该品牌的商品；2012 年，该企业已为全球发展中国家的儿童提供了超过 200 万双新鞋。

汤姆斯鞋业在 2014 年成立 TOMS Roasting 公司，开始出售咖啡。该企业与其他组织合作，每次出售咖啡时，都为有需要的家庭提供 140 升安全饮用水。2015 年，该企业推出了 TOMS 手袋系

列，将销售收入用以援助落后地区的孕妇和产妇保健工作，帮助对接生员提供培训，并分发包含有助于安全分娩物品的分娩箱。

2014 年 8 月 20 日，贝恩资本收购了汤姆斯鞋业 50% 的股份。这笔交易使该企业的市值达到 6.25 亿美元。交易后，米科斯基的个人财富据说达到 3 亿美元。米科斯基表示，他将把出售股份所得的一半收入用于建立新基金，以支持那些富有社会责任心的企业家，贝恩资本则投入同样金额的资金来支持这一决定。

汤姆斯鞋业还将其 40% 的鞋子生产供应链转移到其捐助的国家，如肯尼亚、印度、埃塞俄比亚和海地，为当地贫困人口创造工作机会。

汤姆斯鞋业的"一对一"模式激发了许多企业采用类似的概念。瓦比派克（Warby Parker）于 2010 年表示，每售出一副眼镜，就会向有需要的人捐赠一副眼镜；Ruby Cup 公司在"月事杯"比赛中采用"买一赠一"模式来帮助肯尼亚妇女。

受米科斯基的影响，布里斯托尔的脊椎按摩治疗中心开始从每次的诊疗费中拿出 1 英镑捐给乌干达。

汤姆斯鞋业的口碑营销完全依靠忠实的追随者，其业务核心是关注企业的社会责任，在短短几年内取得了巨大的成功。最重要的是，该企业不仅在商业上获得成功，同时为社会做出了卓越的贡献。

近年来，资本可能引发的社会问题已经引起社会各界的注意，一些走在行业前沿的跨国企业已经走得很远，早已不再局限于"符合反血汗工厂/企业行为守则"，而是聚焦于打造"工作与生活平衡"的环境，凸显对员工和社区的人文关怀。

二、保护环境

随着世界经济的发展，人们对环境被破坏的忧虑与日俱增。

如何解决经济发展与维护自然生态之间的矛盾，或者说，如何实现可持续发展，在近年来引起国际社会越来越广泛的关注。

在国际上，越来越多的民间组织开始组织活动来提升人们的环保意识，呼吁抵制破坏环境的商业活动。"绿色和平组织"就是一个比较活跃的民间环境保护组织。

2014年，绿色和平组织呼吁企业减少使用棕榈油，从而减少生产棕榈油导致的热带森林消失现象（砍伐森林），保护森林内珍稀动物的栖息地，减少森林火灾隐患和气候变暖现象。

作为对绿色和平组织的回应，2014年8月，宝洁宣布了新的"禁止砍伐森林"政策，承诺从原材料供应链中去除与森林破坏有关的棕榈油，并为其使用的棕榈油及衍生物提供完全的可溯性查询。

宝洁同时承诺，在2020年消除棕榈油供应链中的所有破坏森林的现象，并要求供应商保证不进行任何改变泥炭地的活动，尊重当地社区，保护高碳储量和高保护价值地区的环境和发展可持续性。该政策远远超出了可持续棕榈油圆桌会议（RSPO）的现有标准的要求。

在随后的几个月中，高露洁、玛氏、欧莱雅、费列罗、联合利华和家乐氏等企业也做出改进承诺；雀巢也一直在努力推进对可持续棕榈油的使用。这些企业的决定引发一些供应商采取类似的政策，无疑对印度尼西亚当地棕榈油产业产生了重大影响。

不管我们喜欢不喜欢，对于出海企业来说，当企业规模和影响越来越大的时候，就必然要面对这些挑战。

可持续发展被越来越多的有社会责任的企业作为企业发展战略的一部分。

例如，宝洁在2018年宣布新的可持续发展战略目标，其"雄心勃勃的2030"计划包括：

在品牌方面，使宝洁的二十大领先品牌采用完全可回收或可再利用的包装，以激发负责任的消费行为，推出更具可持续性的创新产品。

在供应链环节，宝洁承诺在其生产基地削减一半的温室气体排放量，并购买足够的可再生电力（清洁能源）来为工厂提供电力，同时还将从循环水源中购买至少50亿升水。

在社会方面，宝洁承诺将与合作伙伴一起，努力使人类、地球和企业的业务和谐共生、蓬勃发展；这包括阻止塑料流入海洋，保护世界各地的重要水源，保护和改善森林，以及完善可降解清洁产品的回收方案。

宝洁在日常工作中推广可持续发展理念，认可和奖励员工在此方面取得的成绩，并将其纳入绩效评估中。

强生及其他世界一流企业也将可持续发展作为企业的重点战略之一。强生认识到塑料废弃物问题变得日益紧迫，认为企业有责任加大努力寻求解决方案，以加快实现可持续发展目标。

微软宣称，其在2020年已经实现"80%以上的包装材料为可回收材料"的目标，并超过目标7.6%。微软认证了82.5万台碳中和Xbox主机，是第一家认证碳中和游戏机的企业。

纽约CASI Global是一家致力于研究企业社会责任和可持续性的机构，该机构指出："企业社会责任和可持续性共同促进人类社会可持续发展。企业的社会责任不是体现在利润上，而是与企业获取利润的方式有关。这意味着社会责任是企业每个部门价值链的一部分，而不只是人力资源或相互独立的部门的一部分。企业必须对每个部门进行衡量，确定其在人力资源、环境和生态上的可持续性。"

与优秀企业和环保组织在为人类社会可持续发展不遗余力地努力形成鲜明对照的是，个别国际大企业在这方面爆出了丑闻，导致企业遭受几十亿元甚至上百亿元的损失，还失去了消费者和政府的信任，引发投资者的愤怒，这是收益增长也无法弥补的道德遗憾。大众汽车环保检测软件作假事件，就是一个不得不谈的反面典型。

2015年，拥有美国柴油乘用车市场七成份额的大众汽车被发现在其汽车上安装软件来进行柴油排放测试作假。大众汽车在美国超过50万辆柴油汽车上安装了作弊软件，使在测试模式下的汽车完全符合美国排放标准。但是，正常行驶的大众柴油汽车会产生排放量高达美国排放规定限值40倍的氮氧化合物（一种与肺癌有关的烟雾污染物）。

美国地方法院在2016年10月25日批准了一项近147亿美元的和解协议，责令大众汽车回购车辆，并补偿受到损害的车主。根据《清洁空气法》（Clean Air Act），大众汽车收到了有史以来金额最高的罚单。

2017年1月11日，美国司法部公布了43亿美元的刑事和民事罚款处罚，并逮捕了6名涉嫌参与这次欺诈活动的大众汽车高管。共有8名时任和前任大众汽车高管被指控犯罪。大众汽车工程师詹姆斯·梁（James Liang）被判处40个月监禁和20万美元罚款。大众汽车前总经理奥利弗·施密特以主谋的罪名被判处7年监禁和40万美元罚款。

大众汽车与加拿大的一项和解协议覆盖该地区约10.5万辆汽车，付出相当于16亿美元的费用。

2019年，大众汽车前首席执行官因涉嫌参与大众柴油汽车尾气排放测试作弊而在德国受到起诉。

自从2015年9月丑闻传出后，该企业的市值已经蒸发了超过四分之一。大众汽车新任董事长赫伯特·迪斯表示，放弃让大众汽车成为全球最大汽车制造商的目标。

2019 年，美国证券交易委员会决定起诉大众汽车及其前首席执行官马丁·温特科恩，指控该企业"大规模欺诈"，误导投资者，为投资者造成巨额损失。

英国《独立报》于 2019 年 5 月 2 日报道，柴油汽车排放丑闻已经使大众汽车损失了 300 亿欧元（约合 330 亿美元）。

三、动物保护

世界动物保护协会的出现，将对动物的保护延伸到很多领域。该慈善机构致力于建立提升动物福利和人类不残酷对待动物的世界。

除了全球性的世界动物保护协会，世界各地还有超过 18 万个不同的动物保护（福利）组织，这些组织关心动物的安全、生理和心理健康。

动物保护组织涉及行业众多，包括医药研发、化工及其衍生的日用品、服装（皮毛）、动物制品，以及食品等行业。动物保护组织倡导和发起了一些人们非常熟悉的动物保护活动。例如，禁止象牙交易、保护野生动物、以人道的方式饲养和获取动物食品等。

2016 年，鉴于动物保护者的投诉，强生停止使用活体动物展示如何使用药品。该企业表示，将用计算机模拟进行培训，并坚称强生"致力于符合道德要求地对待实验室环境中的动物，并感谢动物为促进人类的安全和福祉而做出的牺牲"。

一些企业从成立之初就将企业愿景设立得高于行业标准，注重社会责任，由此吸引了特定的消费人群。这些群体反过来对企业品牌起到了积极的推广作用，巴塔哥尼亚（Patagonia）就是很好的例子。

巴塔哥尼亚是美国一家成立于 1973 年的户外用品企业，主要生产徒步及其他户外运动服装及附属产品（如背包、睡袋和露营食品等）。

与绝大部分雄心勃勃地追求销售和利润增长的企业不同，巴塔哥尼亚在 2014 年公布的营销目标是限制增长。是的，你没看错！巴塔哥尼亚宣布，将通过一些具体的行动减少工厂的碳排放量，以更好地为改善环境服务。该企业称此新策略为"发展负责任的经济"。

为提高环保标准，从 2017 年开始，巴塔哥尼亚规定消费者可以用旧商品来获得一定的新商品折扣。被用过的该品牌商品可以在其"二手"网站上得到清洁、修补和出售服务。

为使这一策略落地，巴塔哥尼亚开始在五个城市的商店中提供销售二手巴塔哥尼亚商品的服务，并继续扩大此项业务，以服务更多消费者。它还设立了一项投资基金，以帮助支持环保行动的初创企业。

巴塔哥尼亚将其总销售额的1%捐给环保组织，并与环保组织共同创建了"1% 地球税"（1% for the Planet）商业联盟。2016年，该企业承诺将"黑色星期五"的销售额全部捐赠给环保组织，总计 1000 万美元。2018 年 6 月，该企业将从美国政府 2017 年减税计划中获得的 1000 万美元捐赠给"致力于保护空气、土地和水资源，寻求解决气候危机问题"的组织。

巴塔哥尼亚首席执行官乔纳德接受采访时表示，"绿色"是一个没有任何意义的流行词，绿色产品稍微变化往往就能使企业和消费者满意。乔纳德正在寻找减少一次性产品使用量的方法，并要求消费者在购买产品时承担更多的责任。

乔纳德说："我相信'适当的技术'可以帮助我们制造出一些更加高效的，从而可以代替旧产品的产品。在客户购买我们的产品之前，我们要求客户三思：你是否确实需要它，还是用购物来填补空虚？企业影响政府，如果要改变政府，就必须从企业的改变开始；而如果想改变企业，就要先改变消费者。"

巴塔哥尼亚因为在环保方面的活动深受消费者喜爱，特别是在其推出"使用100%可追溯来源的羽绒"政策后，更受到动物保护主义者的大力支持。该政策源于2012年，一些动物保护组织指责巴塔哥尼亚使用从被虐待的活鹅身上拔下的羽绒作为原材料。

从2014年秋季起，巴塔哥尼亚使用100%可追溯来源的羽绒，以确保鸟类不被强行喂食或从活体上拔毛，并且不会将其与未知来源的羽绒混在一起。巴塔哥尼亚任何羽绒服使用的羽绒都可以追溯到来源。2016年6月，巴塔哥尼亚发布了新的羊毛采购原则，以改善动物福利、土地使用方式和社会发展的可持续性。

巴塔哥尼亚的产品价格比起竞争对手的产品价格高出很多，但在特定人群中的销售情况非常好。以下是我在网上看到的一些消费者的反馈和评价：

"巴塔哥尼亚夹克的平均价格在300美元以上，考虑到帽子和其他配饰的零售价都为30~50美元，其产品（尤其是夹克）是否值这么高的价格？简而言之，答案是"是"。如果看它们的性能、制造质量和耐用性，非常物有所值。其产品均以环保方式生产，这是影响产品价格的主要因素，也是人们购买巴塔哥尼亚夹克而不是其他品牌夹克的原因。如果您想购买坚固耐用的精良外套，并且还希望尽量降低对环境的影响，那么巴塔哥尼亚绝对值得信赖。"

"巴塔哥尼亚是一个非常注重环保的品牌，它的大部分材料都是可回收的或天然的，以减少对石油基纤维的使用量。其产品100%可回收，原材料可溯源。从不再适合销售的床垫、靠垫等物品中回收绒毛，从塑料汽水瓶中提取和回收聚酯，巴塔哥尼亚是最早实施这些主要生产措施、减少对环境影响的品牌之一，同时能够提供性能最好的户外服装。"

巴塔哥尼亚因为一贯的社会责任感而得到消费者和员工的认同，其员工对企业的忠诚度和骄傲感在业界首屈一指。

从汤姆斯鞋业和巴塔哥尼亚以及其他优秀企业的案例中，我们可以看到，企业的社会责任不再是一种负担，许多有远见的企业正在将社会责任变成竞争优势，在企业可持续成长的基础上为社会做出巨大的贡献。

对于那些有着打造世界一流企业的远大抱负的中国企业来说，如何在企业的经济发展（销售、利润增长）、社会发展（尊重员工，关注社区）和环境保护（可持续发展）之间寻求平衡，是科学，也是艺术。如果企业能很好地实现这种平衡，就能培养员工的自豪感和对企业的认同感，获得社会的信任，为企业长远发展奠定良好的基础。

第九章

"解药" 在哪里

前面谈了很多走向国际市场的企业在海外经营和发展所要面对的诸多挑战。至此，我们对这些领域相关的法规和风险有了一个大概的了解。

走向世界，面向未来，我们会发现国际环境在不断变化，企业运营和创新的条件也在不断变化；特别是数字科技、通信技术、人工智能的发展，让我们不得不感叹，不仅从"地球是圆的"变成"世界是平的"，而且一切都变得近在咫尺。

用源于军事概念的 VUCA World〔原指冷战后世界具有易变性（Volatility）、不确定性（Uncertainty）、复杂性（Complexity）和模糊性（Ambiguity）〕来形容今天的商业世界的新常态也许更加贴切。

我们可以看到，在 VUCA 时代，全球技术、工业、政治和经济治理体系也在加速变革，这些变化对全球化环境中的企业产生着方方面面的影响。国务院发展研究中心"国际经济格局变化和中国战略选择"课题组研究表明，未来的国际经济格局面临巨大的变化，这些变化对我们的出海企业提出了新的挑战，主要体现在以下方面。

（1）近年来，全球竞争将进一步加剧。逆全球化思潮和贸易保护主义抬头，国际环境中的不确定因素增加，贸易摩擦与投资争端也将大幅增加。

但是，经济全球化的趋势不会发生根本性改变。全球跨境投资将持续上升，而跨国企业将依旧是全球跨境投资和价值链布局的主要力量，新兴经济体的跨国企业数量也将持续上升。也就是说，我们迟早得准备好，不管是在国内还是走出国门，都将面对与全球性跨国企业的竞争。

（2）技术革命、绿色发展和全球价值链整合将倒逼新的治理理念与规则的制定和落地。

跨境投资规则需要全球经济治理体系逐步根据新情况来不断完善。跨境投资合规的复杂性将会越来越高。可持续发展及企业的社会责任等将不断被纳入投资规则，企业将面临更高的合规性要求；国家安全审查在跨境投资中的重要性明显上升。禁运、制裁、知识产权保护、歧视、金融监管、反不正当竞争、市场准入、数据保护等将成为跨境投资和贸易中的常见问题。

全球经贸规则的高标准成为一种显著趋势。在规则的执行方面，国际合作不断加强；"监管全球一体化"成为一个保障全球经济和贸易活动正常进行的趋势。因此，企业在经营合规方面遇到的监管将越来越严格，跨国监管将变得非常普通。以前企业可能抱有"在一个国家搞砸了，还可以去另外一个国家发展"的侥幸心理，但今后将面对一张无所不在的网，严重的违规行为将很难逃脱制裁。

（3）信息技术与新兴数字经济发展将会推动全球经济增长。信息技术正在改变产业特性，一些劳动密集型产业将转变为资本和技术密集型产业，从而改变全球产业布局。这种重新洗牌对于一些优秀的中国企业来说无疑是千载难逢的机会。

然而，数字技术的发展和应用与隐私保护及数据安全又息息相关。欧盟《通用数据保护法》使企业面对的数据保护问题更加复杂和充满不确定性，即使美国的数字科技巨型企业也有点手足无措。如果企业不能在隐私和数据保护方面做到合规，将在信息化的全球市场中寸步难行。

（4）技术变革的发展，可能会将局部的、小概率的事件变成影响全局的"灰犀牛事件"。例如，2020年5月，在美国明尼苏达州，发生了警察致一名黑人死亡的事件。此事因为互联网媒体的快速、广泛传播而迅速发酵，成为一起影响全美，甚至迅速传播到欧洲、大洋洲和亚洲的世界性事件。

同时，因为信息的传播超越国界，更加透明、高速，一家企业的所作所为可能随时曝光在公众面前。以前在企业看来司空见惯的小事，如果放在信息传播迅速的今天，就会变成对企业的公众形象造成巨大影响的"黑天鹅事件"。如果企业不能很好地处理，一件小事甚至会演变成决定企业生死存亡的大事件；更有甚者，可能变成导致社会动荡的重大事故。

（5）在全球化为各国经济带来新动力的同时，全球的经济和贸易立法将面临在强力治理的效率与灵活治理的效果之间的取舍。对于那些想继续在"法律条文规定"里找答案的人来说，答案将变得越来越模糊。

（6）全球人口老龄化加速，生育水平下降，劳动力短缺。人口老龄化和生育率下降必然使劳动力短缺，导致劳动力成本上升。

劳动力成本上升，全球人均国民收入，特别是发展中国家的国民收入将呈加速上升趋势，中等收入人群将迅速增长，这种变化将给企业的发展带来积极的促进作用。

当然，这也意味着消费者对企业的期望和要求越来越高——不管是可持续性发展（环境保护、社会和谐），还是国民健康，以及其他方面的社会责任，都将给企业带来更大的挑战。

而人口老龄化和低生育率带来的劳动力短缺，则给企业带来另一个挑战——如何努力提高企业的商业伦理和道德标准，成为受人尊敬的企业，打造企业品牌，吸引和保留住国际一流人才。

全球化的未来将是一个强者恒强的世界，而强者将是那些有高度社会责任感和商业道德标准的企业，能够受到消费者、政府和社会的认可。

我们都在以某种形式经历着 VUCA 世界。无论企业领导或团队有多强大，都会面临充满威胁的困境。

我们的企业如何做好准备，应对不可避免的危机？

我们的企业如何建立一道道屏障，做好合规管理？

第一节 董事责任险是万能"解药"吗

有人说，董事责任险似乎是万能"解药"。董事责任险在国外已经不新鲜了，而在中国，"瑞幸咖啡事件"让人们对董事责任险有了更多的认识。董事责任险是为企业董事或高级职员提供的风险转移机制。

董事责任险能否成为"合规"问题的万能"解药"呢？

长期以来，我们可能对董事及企业高管到底要对企业的经营管理负多大的责任，缺乏清晰的认识。大多数人对于企业高管，想到的可能是薪酬高、名声响、权力大，而很少意识到其需要承担的法律风险。

亚洲对企业董事和高管的诉讼比西方少得多，在亚洲担任企业董事和高管的风险远小于西方同行。但是，全球金融危机是一个分水岭，改变了很多亚洲国家对此的态度，法律诉讼越来越成为公平合理解决争端的选择。

近年来，随着一些出海企业及其高管在海外市场面对诉讼，企业董事和高管普遍对自己的行为和责任有了进一步的认识。

同时，另一个大的趋势是大小股东针对企业董事和高管人员的集体诉讼也在增加，特别是在欧美国家。当股东要求董事和高管对自己的损失进行赔偿时，衍生诉讼也在增加。

企业董事和高管对越来越多的利益相关者负有其他的民事责任，而这些利益相关者强烈的问责诉求是导致诉讼增加的一个非常重要的原因。更为复杂的是，仅依靠国内市场的企业越来越少，而无论区域性企业还是全球性企业，其高管都可能要承担跨越国界的责任。

在很多国家，如果企业（特别是上市企业）想要承担因董事或高管个人的过错而导致的损失与责任，在法律上不一定得到支持。

于是，董事责任险就变成了一个国外很多上市企业和非上市企业的标准配备。董事责任险在国外的保险行业已经是一个非常成熟的保险产品。在国内，新修订的《证券法》加大了对上市企业高管的违规处罚和民事责任的追责力度，使董事责任险变得火爆。

那么，很多人可能会问：董事责任险能够帮助我规避相关风险吗？

答案是"是"，也是"不是"，因为董事责任险有其"能"与"不能"。

那么，董事责任险到底能够解决什么问题，又有什么问题是董事责任险不能解决的？

一、什么是董事责任险

董事责任险是企业给董事和高管人员购买的一种责任保险，用来保护企业董事和高管人员及其配偶的个人资产，赔付其在管理企业期间因工作疏忽而受到雇员、竞争对手、投资者、客户投诉或因其他不当、不法行为被起诉而导致的经济损失。

二、董事责任险通常可以覆盖的范围

（1）利益相关者针对董事和高管人员提起的违反职务或违反法律要求的诉讼。

（2）应对由广泛的商业行为引起的诉讼，包括首次公开募股或其他债务和股权计划、并购重组的财务报告和其他法定义务，以及企业倒闭等导致的诉讼。

（3）该保险为控股企业和所有子企业的董事和高管人员提供保护，还可以扩展到合资企业或关联企业的董事职位。

（4）以无记名的形式覆盖所有现任、过去和未来的董事和高管人员。

（5）支付法律辩护费用，包括预付辩护费用，以及法院就弥偿性赔偿要求做出的判决。

（6）针对企业提起的与工作场所和雇佣有关的索赔，如歧视、骚扰、不当解除雇佣关系等。

（7）针对企业提出的证券索赔。

（8）保险企业愿意提供的其他方面的覆盖范围和内容。

由此可见，董事责任险确实在一定程度上为企业董事及高管人员提供了比较全面的保护；而且，随着保险业务的竞争越来越激烈，越来越多的保险企业在不断地扩大保险覆盖范围，承保方式也在不断创新。

三、董事责任险并非万能"解药"

对于企业董事和高管来说，董事责任险不是万能的，有些情况下甚至根本没有用。在以下几种情况中，董事责任险一般不覆盖被保险人的损失或者覆盖有限损失。

（1）董事责任险不保护董事和高管人员的欺诈、失信或犯罪行为。董事责任险旨在为董事和高管人员提供使其免于执行公务时做出的决定而导致的索赔。董事责任险承保范围一般不涵盖被保险人欺诈、失信或犯罪行为，或导致让高管获得非法利润和报酬的任何行为。例如，如果企业董事及高管人员因个人利益而进行财务造假被证明有罪，被诉讼索赔的损失将不会受到保护。

（2）董事责任险一般不保护被保险人的刑事责任导致的损失。例如，企业董事及高管人员因为违法行为而导致的刑事罚款及其他行政罚款等一般不在保险覆盖范围之内，有些国家和地区甚至禁止保险企业为此类损害赔偿承保。

（3）被保险人互相起诉。董事责任险虽然能够为企业董事和高管在面临索赔时提供一定的财务保护，但通常不包据企业针对自己的董事和高管人员发起的索赔。例如，大众汽车尾气排放测试造假事件中，大众汽车对涉事首席执行官及其他高管索赔数百万美元，就不在董事责任险的覆盖范围内。否则，保险企业将面临恶意诉讼索赔等风险。

（4）董事责任险的保险金额和赔付有限。例如，因涉嫌洗钱而遭各国政府调查和惩罚的丹斯克银行，自 2018 年年初以来股票市值减少了一半，投资者对此非常愤怒，向被解雇的该银行前首席执行官索赔近 10 亿美元。丹斯克银行在股东大会上表示，丹斯克银行在 2020 年购买的董事和高级职员责任险的总承保金额为 8500 万欧元。董事会认为，考虑到丹斯克银行的业务规模以及与该业务相关的风险，包括违反丹麦和国际法律的风险大大增加，以及相关部门的执法力度，该承保金额还远远不够。丹斯克银行尝试购买更高级别的保险，但由于责任保险市场提供产品的能力有限，所以不可能在未来几年获得此类保护。

简单说，董事责任险是一种只为忠于职责、诚实善良的董事或高级职员因无意疏忽导致的损失提供的风险转移机制。

换句话说，董事责任险只保风险，不保违规。

无论上市企业的董事和高管人员，还是非上市企业的董事和高管人员，在获得高薪和高福利的同时，都有责任和义务提高风控与合规方面的管理意识及能力，设定较高的企业商业道德标准，从而保护企业及高管个人避免财务、声誉甚至法律上的风险。

保险赔付在违规方面非常有限，那还有什么方式能够帮助企业规避或免除风险呢？

第二节　内部审计、外部审计和法务团队是万能"解药"吗

有人说："我有一个非常强大的内部控制和审计团队，可以高枕无忧了吧？"还有人说："我有一个非常强大的法务团队和一个能力很强的首席合规官，任何复杂的法务问题，我都全权交给他和团队来处理。"

一、内部审计、外部审计和法务团队是有力保障

强大的内部审计、外部审计和法务团队无疑是企业解决合规问题的有力保障。

好的内部审计、外部审计人员能够发现企业漏洞，为管理层提供改进方案。而法务人员，不论是内部法务团队，还是从外部聘请的律师，都能够从法律的角度为企业保驾护航，在企业合规方面扮演着非常关键的、不可或缺的角色。

二、屏障之下仍有风险

那些资金雄厚、有着世界一流的风控合规方面的法务和内部、外部审计团队的企业，为什么还会深陷各种丑闻之中？

让我们回头看看过去这些年发生的合规方面的重大事件，看

看我们能从中吸取什么教训。

在加拿大上市的中国企业嘉汉林业，以复杂的组织和业务结构误导投资者，导致其股票市值累计蒸发60亿美元，在2011年因违规事发倒闭。嘉汉林业案成为加拿大历史上最大的企业欺诈案之一。

加拿大证券监管机构指控嘉汉林业的外部审计机构安永会计师事务所没有适当审计嘉汉林业和另一家中国企业的财务报表。安永会计师事务所同意支付800万加元（约合720万美元）的和解金以了结指控。此前，安永会计师事务所为应对投资者的集体诉讼支付了1.17亿美元的赔偿金。

前文提到过导致美国监管机构改变美国监管法律（出台《萨班斯－奥克斯利法案》）的安然、世通欺诈案和审计师事务所安德信的一些不道德的行为。在监管机构进行调查的消息公开之后，安德信粉碎了几吨相关文件，并删除了大量电子邮件和计算机文件，以隐瞒审计企业的违规行为。

浑水公司创始人布洛克说："不幸的是，这种情况是普遍存在的全球性问题：审计师认为他们要对管理层而不是股东负责。"

我们再回头看沃尔玛墨西哥分公司的贿赂案件。沃尔玛雇用了一流的企业律师，包括负责调查该案的穆尼黑女士，她拥有在墨西哥当地工作的经验和在其他大企业担任法律事务高管的经验。在案件开始调查的时候，她又雇用了毕业于哈佛大学的资深律师加入团队。更可笑的是，该案中的"白手套"也是当地律师事务所的外部律师，企业律师在企业高管的授意下将用于贿赂的钱交给这些"可以信赖"的外部律师。

在调查团队逐渐有所发现的时候，企业最高层给相关人员施压，希望低调处理此事，而事件当事人依然得以升迁。

后来，沃尔玛在全球各地的腐败丑闻被媒体曝光，监管机构下重手对企业进行调查，企业不得不面临数亿美元的罚款、和解金，以及因股价大跌带来的民事诉讼。

当然，在沃尔玛这个案子里，既有明知不可为而为之的涉嫌商业腐败犯罪的外部法务人员，也有尽职尽责却无能为力的法务高管。在出问题，或者有潜在风险的企业中，后者应该占大多数。

如果我们深入剖析，就会发现，在企业合规方面从来就没有万能"解药"。要解决这个问题，我们还是要回到问题的根源，找出企业到底是什么地方出了问题，或者说企业哪里最脆弱，这样才能对症下药。

谚语说："病情弄清楚，病根除一半。"我们在前面的篇幅讨论了很多问题的表现以及根源，也就是我们要处理的问题，那么我们如何才能根除这些问题？关于这个问题的思考，又让我回到彼得·德鲁克的那句话："文化能把战略当早餐吃掉。"

第三节　领导力、文化、制度和执行的综合配方
才是真正的万能"解药"

企业合规的问题是如此复杂，因此很难有一个简单的药方解决所有问题。然而，如果我们真正了解了问题的症结所在，就能够事半功倍，药到病除。

从领导力、文化、制度到执行，其中最难也最能让企业长治久安的重点是，打造健康的组织文化。

合规和企业的商业操守，最终是企业文化的问题。

一位朋友告诉我，他所在的企业出了一些事情，据说是高管存在潜在的利益冲突，事情闹得满城风雨。我问他："这事不难处理呀！企业应该有自己的合规政策，做错了事就应该承担责任，你们人力资源部门怎么能将事情处理成这样？"他的回答让我颇为吃惊,他说:"我们的人力资源部门主要是作为业务伙伴,解决业务方面的各种人力资源问题。合规方面的事务有专门的首席合规官领导的合规团队处理,人力资源部门一般不会插手这些事情。"

后来,经过进一步了解,我才知道,采取这种做法的企业不在少数。很多企业认为合规和商业操守问题应该是由法务或者内控部门从头到尾全盘负责的。

这类问题或许在以前是司空见惯的,人们在了解病根之后才恍然大悟——问题的症结在于企业文化因为无人值守而被腐蚀。如果不能找到源头,合规问题将是一个永远无法根治的疑难杂症。

合规问题实际上是组织健康的问题,我们必须如对待业务发展一样地看待合规问题。企业文化就如同企业航行的灯塔,守望者必须像保护生命一样值守合规文化,在这方面的缺失必将导致船毁人亡。在企业中,这个守望者就是企业的人力资源部门。

有一个客户希望我帮其做建立全球合规制度方面的咨询服务。关于如何推进此事,经过反复讨论,我们达成一致:

● 我们要做的不是一个仅仅针对世界各地的法规方面的企业政策手册。如果是这样的话,我们只需让企业的法律顾问或律师研究各地的法律,形成企业的相关政策即可。至于效果,正如我们在上面谈到的,最终可能还是会在各个层面出问题。

● 我们需要做的是打造合规文化,从企业领导团队开始,形成清晰的企业文化和价值观。接下来,向组织反复明确说明这种企业文化和价值观,然后用规则和流程来保证和强化这种观念。最后,在出现问题的时候,人力资源部门和企业高层将毫不犹豫地根据企业价值观处理相关人员。

当我反复和客户企业的首席执行官、首席人力资源官及其他高管讨论、确定他们想要的价值观，而且听到对方承诺坚持自己的核心价值观的时候，我知道他们已经成功了一半。

我有幸与圆桌集团（The Table Group）的高级合伙人布莱恩·彼德森一起负责企业团队和组织健康的咨询工作。我在此借用该组织创始人帕特里克·蓝西奥尼在《优势》一书里提到的"打造一个健康的组织"的观点，来看看我们该如何打造企业合规文化和健康的组织。

一、组建对合规与商业伦理道德标准有坚定承诺的领导团队

合规和企业的伦理道德标准，不是财务、法务或者企业的首席合规官能够创造出来的。财务、法务人员可以制定企业在财务法规方面的标准。然而，正如我之前提到的，在 VUCA 时代，充满动荡、不确定性、复杂性和模糊性，企业最高领导层必须能够拨开层层迷雾，以身作则，坚持那些必须坚持的标准。

有着"硅谷市长"之称的英特尔联合创始人、推动个人计算机革命的微芯片发明者罗伯特·诺伊斯曾经说过："如果组织高层道德不佳，则这种情况将向下复制。"

出海企业及其高层领导必须怀有谦逊和开放的心态，学习和接纳多样性的各地文化，遵守各地的法律规范，提高企业的商业伦理道德标准。

有条件的企业应该做好未来领袖的梯队计划，在培养和选拔未来的领导者时，注重国际市场工作经验等专业知识的传递，从而使企业的核心领导层有能力应对未来的全球化挑战。

当企业最高层下定决心做正确的事，开始注重利润增长之外的追求，建立铁的纪律，有节制地规划和追求进步的时候，企业已经成功了一半。

二、打造明晰的组织文化和价值观

马云说过一句话:"阿里巴巴永远不给客户回扣,谁给回扣一经查出立即开除,否则会让客户对阿里巴巴失去信任。"

作为一个组织,企业是有生命和灵魂的。这个灵魂就是企业的价值观,它决定了企业的"精、气、神",也就是企业的文化。

组织健康如人的健康一样,中医认为正气不足则外邪易乘虚而入。企业健康的根本是企业有健康的文化和价值观。"我们为什么存在""我们该如何行事"是我们在谈论企业合规文化时必须首先回答的两个问题。

合规和商业道德标准就如企业基于自己的价值观设定的红线制度。这个制度就像竞技场上的基本规则,设定了明确的规则和边界。明确的规则和边界不会扼杀创造性;相反,在边界以内、禁区之外,你可以随意地自由发挥自己的能力和创造性。

明晰的企业文化和价值观,就如指引船只在海上航行的灯塔,给企业指明方向。

三、反复讲明企业的期望

重要的事情说三遍,《优势》一书提到,只有当领导者传达一条信息的次数达到七次时,员工才会相信它。

除了建立合规文化和价值观,还需要将企业的期望告知员工,与员工反复沟通。根据美国《反海外腐败法》,监管机构调查企业的违规行为,其中一个关键点就是"领导有没有明确的期望"。如果发现领导在企业任何场合明示或暗示自己会纵容违规行为,一定会被重罚。

针对合规问题,新员工入职培训、老员工每年温习都是必不可少的。培训记录、合格证书都会对企业建立合规防火墙有所帮助。

基于企业文化和价值观入脑、入心式的培训、教育和沟通，能够让员工绝对不会出于任何理由越过红线。

四、建立系统和流程来保证组织清晰度

建立系统和流程，这是需要充分发挥财务、内部审计、外部审计和法务功能的时候。了解和掌握世界各国的法律规范，建立企业风控制度，不断完善风控合规要求，辅以内部、外部审计，针对审计结果不断改善系统和流程，从而实现不违规的目标。

五、从"巴萨之道"学坚守组织文化和价值观

巴菲特说过："我在招聘员工时寻找三样东西——诚信、智慧和精力。但是，如果你缺了第一个东西，其他两样东西将会毁了你。"

然而，对任何一个组织来说，有时候能坚持做到这一点是非常困难的，尤其那些看起来并不致命、没有给企业带来灾难性后果的诚信问题，特别是这些问题是由于有人以企业利益为名"打擦边球"而出现的。

当出现问题的是"无可替代"的顶级员工时，如何处理这样的员工将成为检验企业文化的试金石。

关于这一点，让我印象最深刻的是著名的巴塞罗那足球俱乐部（下简称"巴萨"）的故事。

巴萨凭借 26 个西班牙联赛冠军和 5 个欧洲冠军联赛奖杯，在足球史上占据了举足轻重的位置。

同时，这也成为一项成功的业务：根据福布斯 2020 年世界最具价值体育团队榜，该俱乐部以净资产 40.2 亿美元位列全球最有价值的体育团队第八名。

我不是足球超级球迷，但我对巴萨如何创造一代又一代的超级球星的神话一直有强烈的好奇心。后来，我认识了巴萨的营销与传播总监、巴萨青训学院（足球学校）全球总监法兰克·卡波，得以有机会了解巴萨的成功秘诀，特别是被世人称道的巴萨文化——"巴萨之道"。

卡波向我介绍了巴萨如何在全球选拔足球天才少年，他们如何在巴萨青训学院集训，从而打造一代又一代的人才梯队。

"巴萨不仅是一个俱乐部"，这是卡波给我留下的印象最深刻的一句话。

巴萨不仅拥有一支球队，而且拥有很多年龄为 6 ~ 11 岁的后备球员。该俱乐部被人们视为一个近乎宗教团体的组织，甚至成员欢呼的方式也让人觉得其不只是一个足球俱乐部。

巴萨之所以能够持续有卓越表现，有很多原因：球队曾经有梅西、桑托斯和苏亚雷斯等顶级球员；曾经拥有出色的经理和教练，如克鲁伊夫、恩里克和瓜迪奥拉等人。此外，巴萨还拥有最先进的设施。

而巴萨成功的真正核心原因在于其组织文化优势，即经理、教练、球员和员工有共同的身份认同（我们是谁），团队根据组织文化（价值观、信仰和行事哲学）行事。

作为组织理想的守护者——巴萨的经理，深刻理解坚守组织文化和价值观的重要性。

卡波向我分享了一些巴萨关于守护组织文化的例子，让我真正理解了什么叫壮士断腕。

瓜迪奥拉被任命为主教练时，立即向团队明确了他想要的三种行为，这也成为俱乐部全体人员的行事指南。这三种行为是：

- 谦逊。

- 勤奋工作。

- 团队利益高于个人利益。

巴萨对于从小进入青训学院的小球员，有几个要求：首先，球员必须运动能力强，犯规次数少于对手。其次，球员必须尝试通过比对手更具创造性的方式来取胜。最后，球员必须取胜。

巴萨青训学院的小球星们每天只进行90分钟左右的足球训练。在此期间，教练主要教授控球技术和球场战术，剩下的大部分时间致力于塑造年轻人的思想，围绕尊重、责任、承诺、纪律和谦逊等原则。

卡波讲的第一个故事是有关团队合作的。

足球战术要求团队团结一致向前进，每个球员都必须知道自己的队友在球场上的位置和传球机会。在团队中没有个人英雄主义的空间，团队具有凝聚力才能赢得胜利。

2012年4月，巴萨对战巴列卡诺时（最终巴萨以7比0获胜），得分手蒂亚戈在进了第五个球后开始跳桑巴舞庆祝，他的队友达尼·阿尔维斯也加入了这一行列。队长卡莱斯·普约尔马上跑向两人，制止了他们在前场跳桑巴舞的行为。在这种场合跳桑巴舞，不仅冒犯对手，显得缺乏礼貌，而且显示球队缺乏团队精神。赛后，教练瓜迪奥拉发表了一个充满悔恨的道歉，称"这不是巴萨球员的态度，我们不会让它再次发生"。

观看巴萨比赛的球迷可能会注意到这支球队的团队精神。当球队得分时，得分手总是在寻找和赞扬创造进球机会的队友。这是一个小而有说服力的细节，说明巴萨试图摆脱自满心态，并向球员灌输"团队第一"的信念。这就是"巴萨之道"。

卡波给我分享的第二个故事发生在瓜迪奥拉接手巴萨之前，当时明星球员不敬业、做出不检点的行为在巴萨是一个公开的秘密，甚至当时只有十几岁的梅西也被牵连进去。

一次，梅西参加天才球星罗纳尔迪尼奥组织的聚会，回来时在面包车上出了事故。当地的夜总会还流传着其他很多故事。曾经使巴萨俱乐部焕然一新的罗纳尔迪尼奥正在对下一代球员产生非常严重的负面影响。

在瓜迪奥拉主持的一次新闻发布会上，他无情地宣布罗纳尔迪尼奥、德科（欧洲最佳中锋）和塞缪尔·埃托奥（世界上最好的前锋之一）在巴萨的职业生涯终结。这三位当时是巴萨的核心人物，特别是罗纳尔迪尼奥是当时巴萨的顶梁柱。

壮士断腕，短期来说非常困难，却使巴萨俱乐部和瓜迪奥拉能够围绕梅西、伊涅斯塔、埃尔南德斯和皮克这些新一代球员来打造俱乐部的未来。俱乐部将他们树立为巴萨的行为榜样，来推动团队文化建设。

优秀的教练和球员来来去去，代表俱乐部的青训学院及其文化则是巴萨长盛不衰的秘密。

像巴萨一样，企业可以从建立更好的企业形象和自身定位中受益。在竞争激烈的市场中，很多企业没有专注于建立和捍卫自己的价值观和文化，而是忙于应对本赛季、下个赛季的竞争对手的策略。企业对"我们是谁""我们为什么存在""我们该如何行事"没有清晰的定义，于是失去了灵魂，从而失去独特性和持久性。

六、找到"解药"

如果我把这个"解药"浓缩一下，就是如下图所示的"配方"。

　　企业高管可以随着时间的流逝来来往往，不变的是企业传承的核心价值观和文化。

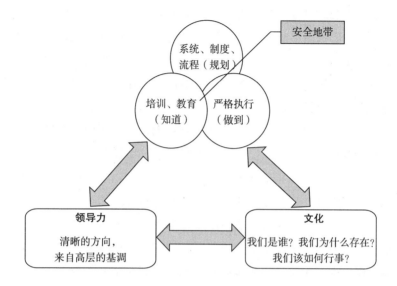

结束语

目标是奔跑的意义，选择在我们自己

每一位企业家，每一位职业经理人，每一位员工，或许都曾经有过一个梦想。这个梦想可能是建立一个基业长青的企业，让员工、股东和企业服务的社区在自己的努力下更加成功和繁荣；这个梦想也许是成为一位在业界美名远扬、受到员工和企业的认可、为企业百年基业打下基础的成功职业经理人；这个梦想也许是做一个平凡的普通工作人员，为自己爱的人提供财务安全和简单、幸福的生活。

我们的目标是明确的，我们奔跑也是有意义的。然而，如何奔跑以达到这个目标，则是决定成败的关键。

在奔跑的路上，有各种各样的诱惑让我们偏离初心：我们生活的世界充斥着各种嗡嗡作响的杂音——谁成为首富？谁位高权重？哪个企业的股票涨得最快？谁升职最快？谁赚得更多？……

于是，有些人开始走捷径，忘了自己从哪里来，到哪里去。

还有一些企业踏踏实实地前进，认真走好每一步，哪怕速度慢一点！这些企业没有不顾一切地狂奔，它们的追求高于利润之上的增长，它们有信念，有文化，留下一些为人津津乐道的故事。

怀有同样的梦想，但选择不同的方法和道路，企业会走向完全不同的结局。

我们用大量篇幅讨论世界各地不同的法规和文化，谈到的大多是常识性问题。为什么许多人和组织在常识性问题上犯错误？"解药"到底是什么？

我们在此总结一下，企业基业长青之道在于其商业伦理和哲学、廉明的领导者和纪律严明的员工队伍。

一、建立健康的企业文化——看不见的企业安全防火墙

世界各国有不同的政治、经济和文化环境，世界各国的法律规范也千差万别，各有不同。

不管是面对大陆法系，还是海洋法系，企业追求高于法律标准的商业伦理道德标准才是基业长青之道。

不要觉得我们不用走出国门就不用关注外面的世界在发生什么，不要因为我们不去国际市场就不用知道国际标准是什么。互联网自媒体的威力在于将市场传统意义的国界抹掉，在一个"平坦的世界"里将人们彼此之间的距离缩短。

后浪推前浪，今天的新生代的人生理念早已和全球接轨，要吸引和留住未来的人才，企业必须拥抱全新的游戏规则。同时，理念转变也倒逼世界各地的规则制定者对现有的法律规范重新审视。企业必须用全新的视角和思维来加入这场"创世纪"的游戏之中。

即使是世界各地不同国家的法律规范，除了极个别地区（如阿拉伯国家曾经不准女性驾车），绝大部分的法律都是基于道德和民意制定的，处于人们根据普遍常识可以理解的范围内。例如，尊重多元化、尊重个人、反对行贿受贿、反对财务作假、尊重和保护个人隐私、正当竞争等。

善与恶、对与错、美德与恶习、正义与邪恶等基本原则与国家和地区的差异无关，是企业打造百年基业的基本底线。

对企业来说，应当目标高远，有明确的使命感和责任感，保证企业从上到下行为一致，建立一张安全网。外部环境会变化，产品会更新换代，科技会日新月异，不变的是企业传承下来的文化。

当企业的文化理念被腐蚀时，再好的战略也会被当作早餐吃掉。

现在，企业应该反思和回顾自己的使命、愿景和价值观：我们是谁？我们为什么存在？我们该如何行事？我们如何在经济、社会和可持续性发展之间寻求完美的平衡？

二、领导者格局决定企业的命运

不管企业是由创始人还是由职业经理人管理，领导者直接决定和影响着企业的文化。领导者的格局决定了企业能走多远。

领导者在企业合规和道德伦理方面的想法是否明确，领导者是否以身作则、成为商业伦理的优秀典范，对企业的命运至关重要。

执法者越来越重视企业领导在合规问题上扮演的角色，欧美国家重罚企业高层给我们敲响了警钟。

企业面临的每次合规危机都是独特的，但有一些共同点——领导层抱有侥幸心理，明知不可为而为之；或者不重视，甚至不了解问题的严重性。

当企业领导忽视商业伦理道德标准、明知不可为而为之时，当领导设定不可能完成的任务、不惜牺牲一切要实现目标时，当领导将短期利益置于长期目标之上时，灾难可能已经悄悄来临。

沃尔玛在墨西哥难以置信的开店速度，瑞幸咖啡狂奔似的扩张，世通低得惊人的成本和高不可及的利润……这些企业无疑都是为了追求高、大、快而一路狂奔，最终马失前蹄。

古语云："成大事者不谋于众。"企业领导必须有清醒的头脑，最不应该接受的想法就是"大家都在这样做"，由此产生侥幸心理。

三、知识与人才是取得成功的关键

打造成功企业必须先打造明星团队，知道才能做到，做到才有机会成功。

企业想要成为全球一流，必须拥有具有国际视野的人才。国际商业世界就像一个基于契约精神的运动场，违反规则的人会被罚出场外，甚至可能没有第二次机会。遵守共同准则是公平竞争的前提条件之一。"不知者不为罪"不是商业世界无序乱象的借口。灾难性的合规危机对有些企业来说是五十年或者百年难遇的小概率事件，然而一旦出现，其必将给企业带来毁灭性的结局。

十年树木，百年树人，培养具有国际视野的人才是一个长期的系统工程。企业必须花大力气培训员工，但要想突破和超越，必须先知道底线在哪里。企业要想在大海里航行，必须先知道海水的特性。

能力不足可以借，可以买，可以建。借，请外面的顾问和专家，帮助企业培养自己需要的能力。买，聘请有国际视野和经验的人才，委以重任，从而提高组织的能力。建，把人才送出去，到国际市场学习，成为一流人才。

在漫长的培养过程中，如果企业不愿意"借"，也不愿意"买"，那就必须花大力气去"建"。例如，宝洁要求，管理多个地区甚至全球业务的领导人，必须有在世界主要市场的工作经历。这基本上成为选拔未来领袖的一个重要的、必需的标准。经验是知识最重要的来源，如果企业高层缺乏经验，将很难领导和造就优秀的国际企业。

企业只有懂得游戏规则才能玩好商业游戏。企业只有拥有一批能力超群的中高层管理人员，才能建成一艘在大海深处搏击风浪、安全航行的大船。

四、用缜密的制度、严明的纪律保驾护航

我见到过一些企业，约束员工的制度非常多，约束企业自身的制度非常少；保护企业狭隘利益的制度非常多，约束企业商业行为的制度非常少。

即使有些比较成功的企业，也没有建立企业基本行为准则——无歧视、无骚扰、拒行贿和财务造假等。这无异于让员工在猜测中寻找边界和答案。于是，你会见到千奇百怪的行为和错误，甚至有些人打着为企业利益的名号，将企业推向危险的边缘。

《孙子兵法》提到"将弱不严，教道不明，吏卒无常，陈兵纵横，曰乱"，意思是将领懦弱，管理不严格，教导不明确，兵卒必然没有章法，阵容不整，横冲直撞。这就是"乱"。

企业在处理违规问题的时候缺乏准则，拖泥带水，必将带来两个问题：

● 有令不行，有禁不止，让员工产生错觉，认为自己这样做没什么大问题。久而久之，酿成更大的祸端。

● 一些国家的法律要求企业严惩违规人员，否则企业或高层会被认定为包庇，企业由此负全责，招致更严厉的处罚。

企业蒙眼狂奔的代价是巨大的，少则几十万元、几百万元，多则几亿元、几百亿元，甚至永远都没有重来的机会。

要超越世界一流的企业，引领世界经济的下一个一百年，必须超越自己，学习自己缺乏的知识，做自己过去没有做到的事情，

让明天的自己比今天更加成熟和强大。

每个有追求的企业家都梦想自己的企业基业长青。几乎每天都有新的企业诞生，同时也有企业倒下；财富排行榜上名列前茅的企业每年都在变，每十年榜上就有一半的名字发生变化。

正如自然界的生命轮回，企业基业长青并不是永恒的。即使优秀的企业，绝大多数也会在五十年、一百年或者几百年后销声匿迹。但是，卓越的企业即使消失，也会作为世界上受尊敬的企业留下优秀的文化，其事迹将在商界永久流传。